This is Not a Leadership Book: 20 Rules for Success

领导力20法则

〔法〕伊曼纽尔·戈比洛 Emmanuel Gobillot 著

姚育红 译

SPM 南方传媒 | 广东经济出版社

·广州·

Routledge Taylor & Francis Group

This is Not a Leadership Book: 20 Rules for Success/9781032639376

图书在版编目（CIP）数据

领导力 20 法则 / （法）伊曼纽尔·戈比洛著；姚育红译 . 广州：广东经济出版社，2025. 8. -- ISBN 978-7-5454-9677-2

Ⅰ. C933

中国国家版本馆 CIP 数据核字第 2025U6M597 号

版本登记号：19-2025-080

责任编辑：刘亚平　曾常熠
责任校对：李　兰　李孜孜
责任技编：陆俊帆
封面设计：集力書裝

领导力 20 法则
LINGDAOLI 20 FAZE

出 版 人：刘卫平
出版发行：广东经济出版社（广州市水荫路 11 号 11 ～ 12 楼）
印　　刷：恒美印务（广州）有限公司
（广州市南沙经济技术开发区环市大道南路 334 号）

开　　本：880mm × 1230mm　1/32　**印　　张**：7.75
版　　次：2025 年 8 月第 1 版　**印　　次**：2025 年 8 月第 1 版
书　　号：ISBN 978-7-5454-9677-2　**字　　数**：153 千字
定　　价：69.00 元

发行电话：（020）87393830　　编辑邮箱：metrosta@126.com
如发现印装质量问题，请与本社联系，本社负责调换

致我曾遇见的数千位高管，

致我有幸合作过的数百位客户，

致曾指导和影响了我的数十位管理者，

也致自始至终陪伴在我身边的那个人。

作者简介

伊曼纽尔·戈比洛，1968年出生于法国，1985年移居英国，演说家，咨询师，世界级领导力思想家之一，被称为“数字时代的第一位领导力大师”和“当今领导力领域最新鲜的发声者”，为全球多家企业的高管提供咨询服务。

译者简介

姚育红，湖北民族大学外国语学院副教授，华章2022年度优秀译者，主持及参与部、省厅级科研项目多项，先后在各级各类期刊发表学术论文10余篇，主编、参编教材多部，出版译著《理性与本能：大脑的神奇平衡术》《超级学习者》。

跳出领导力

这本书部分是领导力指南，部分是商业宝典，而且百分之百真实。阅读这本书，就像聆听一位睿智、坦诚又幽默的导师向你诉说商业世界的本来面目，以及如何在其中找到自己的位置。

许多关于领导力的书籍要么浅薄（只聚焦于领导力的某一个要素），要么狭隘（脱离情境去审视领导力），要么有个人倾向（兜售一种理想化的模式）。而本书追求简洁却不流于简单，关注处于特定情境中的读者，而非描述他人在特定情境中如何表现出领导力。本书列出了20条成功法则，这些法则源自伊曼纽尔·戈比洛20年来为高绩效领导者提供咨询的经验。每条法则都通过一个引人入胜、令人难忘的真实故事来呈现，帮助当前和未来的领导者以不同的视角看待自己的处境。

本书堪称领导力发展计划的绝佳代表，它会带你开启一场快节奏的三步旅程：先是探寻成为领导者需要什么特质，接着探讨如何成为一个卓越的领导者，最后告诉你为什么你能成为领导者。

伊曼纽尔·戈比洛出生于法国，1985年移居英国，他被称为“数字时代的第一位领导力大师”和“当今领导力领域最新鲜的发声者”。他是全球杰出的思想家和领导力权威，还是六本英美畅销书的作者，跻身欧洲最受追捧的演讲者之列，他曾为全球多家企业的高管提供咨询服务。

导 言

这个世界不需要另一本领导力书籍

领导力书籍并不能确保你的成功。你无须完全相信我的观点，不过你不妨看看相关证据。

卓越的领导力与员工高敬业度之间存在密切联系。然而，年复一年，全球各个领域、各个行业、各个地区的员工都在吐槽，他们的敬业度低得吓人。尽管关于领导力的书籍、文章、播客、培训课程及发展项目越来越多，但这并未改变我们所面临的领导力平庸这一重大挑战。

虽然我不认为领导力文学的兴起与缺乏伟大领导力之间存在很强的因果关系，但我不得不注意到，这两者之间充其量也只是微弱的正相关，往差了说甚至是负相关。领导力书籍层出不穷，却没有造就伟大的领导者，原因很简单。

众多领导力书籍常常显得肤浅、狭隘且充满偏见，更为严重的是，这三种缺陷可能交织并存！一些领导力书籍单单聚焦于领导力的某一个方面，却忽视了这一方面与领导力的其他方面相互作用时可能产生的影响。

大多数书籍只涵盖一个核心观点，这个观点可以写成一篇文章，然后用例子和建议来加以补充，从而将这个单一的观点扩展成一本完整的著作。某些书的某个观点可能具有极高的价值。例如，没有情商，你就不可能成为一位伟大的领导者。但是，单一观点的价值是有限的。只有在具备成为优秀领导者所需的其他技能与特质时，情商才能助你获得成功。要深入理解这些特质，仅依赖一本书是不够的。

肤浅的、观点单一的书籍存在一个问题：同时读两本可能无益。它们的观点常常相互矛盾。若你先阅读*The Authoritative Leader*：*Commanding Your Way to Success*，然后再阅读*The Collaborative Leader*：*Empowering Teams for Lasting Results*，你究竟该如何选择？一个强调命令和控制，另一个则提倡合作和授权。那么，在追求成功的过程中，我们应该去读哪一本书并遵循其领导之道呢？考虑到两者都有可能是正确的，你如何判断在何时采取何种方式呢？

浅薄的书籍使得成功依赖于对自身需求的准确评估（这在大多数人身上往往难以实现），同时需要拥有充裕的时间（同样不太现实）来阅读大量书籍以满足这些需求。

内容肤浅的领导力书籍仅关注领导力的某些方面，而未能将其与整体框架相结合。只有当你深入理解领导者所肩负的职责时，才能真正取得成功。

浅薄的书籍无法提供这样的深刻理解，因为它们狭隘地从孤立环境中研究领导力。

当我推销我的第一本书时，我遇到的第一家出版社要求我描述我所写书籍的类型。我说："我在撰写一本关于领导力和组织效能的书籍。"他打断了我的话，说："在书店里，有领导力书架和组织效能书架，请选择其一。"

尽管当前实体书店里摆放商业书籍的书架越来越少，但是线上书店的分类却愈加细致。亚马逊的商业管理与领导力类别下提供了超过20个子类别供消费者选择。如今，消费者的问题不再是如何选择书架，而是如何在特定书架上的某一个精确位置做出选择。然而，成功依赖于在恰当的时间和恰当的背景下运用恰当的领导技能，这至少需要三个不同层次的书架！

参加一个未根据你所处环境量身定制的领导力项目，你通常不会取得良好效果，而领导力书籍往往正是以这种方式编写的。尽管它们可能会帮助你掌握某些技能，但在将这些技能应用于适当的时机和情境方面，仍需依赖个人判断。如果你有时间和意愿投入这项工作，那么你必须亲自实践，但成功与否并无保证。

我经常在由学者撰写的此类书籍中看到这一缺陷。这些书籍基于扎实的证据，经过深入研究和广泛测试，通常文笔优美。它们内容深邃但范围相对狭窄，专注于领导力的某一特定方面（如心理学、情境或结构等），并对此进行细致剖析。这些作品很可能被视为“必读书目”，然而此类书籍数量众多，需要全面阅读才能获得更为完整的理解。

若未进行全面考量，孤立地分析问题，那么观点过于狭隘的书籍更可能给人们带来困惑，而非提供有效帮助。学者深知领导力本质上是复杂的，但实践者往往需要简明的解决方案。在试图理解复杂问题时，学者常常忽视了应考虑的背景因素。

只有在充分理解所处时代与环境的基础上采取恰当的行动，我们才能实现成功。观点狭隘的书籍无法为此提供有效指导。

然而，也许最令人担忧的是，领导力书籍往往无法助你成功，因为它们存在固有的偏见。

以麦肯锡公司（麦肯锡公司是一家享誉全球的咨询机构，许多顶尖企业的高管曾在此任职）2023年的调查结果为例。在一篇题为《为繁荣组织的新时代打造新领导力》（*New leadership for a new era of thriving organizations*）的文章中，作者指出，领导者需做出五个关键转变：从追求利润转向追求影响，从竞争走向协同创造，从命令式管理转变为合作，从控制模式演化至赋能模式，从单纯的目标与期望过渡到全面整合。

我并不打算质疑这些发现——大约在15年前，我在《领导力转变》一书中也主张了类似的转变。我既不是想表明自己比这些作者更有远见，也不是想表明自己在15年的时间里没有发生任何变化。我只是想指出，这些转变并不代表当今许多劳动者所经历的现实。我在撰写《领导力转变》时所做的，以及现在麦肯锡的调查文章中作者所做的，是描述领导力的理想状态，而不是它当前的实际情况。

咨询师的领导力著作通常采取这样的策略。他们可能不会直接向你推销具体的产品或服务，但他们确实希望传达一种理念。有偏见的书籍旨在推广某种方法、一套行为规范或一个理想化的领导者模型。这些书籍可能经过深入研究，甚至具有一定的正确性，但它们所代表的是一种理想状态。相比之下，有偏见的书籍更关注这种理想状态，而非对当今领导力现实状况的客观分析。

领导力书籍中还存在其他偏见。由实际领导者撰写或关于实际领导者的书籍，可能会使你在通往成功的道路上偏离方向。尽管他们的经验是真实的，他们的故事源于亲身经历，但其方法论和意图常带有主观偏见。这些偏见源自“事后诸葛亮”效应和归因偏差。

这就如同将眼镜借给他人，如果借出的眼镜能够帮助他人看得更清晰，那无疑是幸运之事。然而，要使他人的经验与自身环境相匹配，需要考虑的环境变量过多，因此，他人的建议有时候不仅毫无用处，甚至在最坏的情况下还可能导致你成为别人的拙劣模仿者。

如果你不明白领导力在当今的意义，那么成功将无从谈起。

那些充满偏见的书籍对此并不在意。因此，当肤浅、狭隘且带有偏见的书籍无法满足、迎合或关注你对成功的需求时，你便会意识到我们为何无须再增添一本关于领导力的书籍。

我相信你非常熟悉比利时超现实主义画家雷内·马格里特（René Magritte）的作品《形象的背叛》（*The Treachery of Images*）。这幅画描绘了一支烟斗，下面则写着“ceci n'est pas une pipe”（这不是烟斗）。请将这本书视为“书籍的背叛”，它表面上看似是一本关于领导力的书，实际上并非如此。

我们可以把这本书理解为一部探讨领导的主题而非传统意义上的领导力的书籍。

这本书并非一本关于领导力的简单读物，而是一部旨在通过实践追求简化的著作。它不仅关注他人的领导力，更强调你在自身环境中如何有效地进行领导。更为重要的是，这本书并不探讨领导力“应该”或“应当”具备的特质，而是深入分析了领导力的本质。

这是一部阐述优秀领导力是什么、如何成为卓越领导者，以及为什么只要具备奉献精神和正确关注点，任何人都能取得成功的重要著作。

这本书的内容基于20多年来我帮助领导者和组织实现成长与发展的真实案例。我曾在全球范围内的私营及公共部门担任顾问，会见过数千名高管，与数百人进行过深入合作。

为避免本书显得肤浅、狭隘或偏颇，我采取了多种策略。首先，我系统地分析了我整个职业生涯所积累的笔记；其次，我深入阅读了一些你们可能没有时间涉猎的商业著作，也悉心研读了一些你们大概不该浪费时间去钻研的学术论文；此外，我识别出了促成成功的多种因素，包括行为、环境及技能等，我研究了这些因素之间的相互关系，并确定了影响力最大的最小变量。

我将这些研究总结成这本书中的20条法则，并结合个人职业经历对每一条法则进行阐释。为避免引发不必要的争议，我已隐去故事中涉及的人物及公司的名称，以便真实地讲述事件，从而消除因编辑加工所带来的偏见。

这些法则被划分为三个部分，分别为“何为领导力”（What）、“如何成为卓越的领导者”（How）和“为何你能成为领导者”（Why），涵盖成为成功领导者所需的三个方面：成为一名成功的领导者需具备什么条件（基本原则）、如何成为一名成功的领导者（行动），以及你为何能够成为一名成功的领导者（动机）。本书的讨论将按照这一顺序进行。尽管本书并不要求严格按顺序阅读，但由于某些章节中会交叉引用其他章节中的法则，因此最好还是按顺序阅读。

最后，为了便于您选择最希望关注的法则，我在每章结尾处进行了简明扼要的总结。

我竭尽所能使这本书既易于阅读又信息丰富且行之有效，但最为关键的是，我会确保内容真实可靠。

目　录

何为领导力

如何成为卓越的领导者

为何你能成为领导者

何为领导力

“你小时候想成为什么人”这个问题并不像“你长大后想做什么”那样频繁地被问到。然而，它的相对少见并不意味着它是一个不合适的问题。实际上，回答“你小时候想成为什么人”往往比询问一个人小时候的梦想更能深刻揭示一个人的内心世界。

我见过无数次“炉边谈话”。你知道的，就是在研讨会上，一位高级领导走进会议室，坐在充满热情的员工中间，向他们讲述自己的领导经历。你可能也参加过几次这样的活动。如果没有，你也不用太担心，我敢肯定你将来会参加的。说不定哪天，就是你坐在那里，讲述自己的人生故事了。

在这些谈话中，一直让我印象深刻的是，把人生倒着讲总是显得很有道理。故事往往遵循小说家和编剧所描述的完美叙事弧线。

故事将从人生精彩展示开始。领导者会分享他们的成长经历，以便向你介绍他们所处的世界。接下来，他们将叙述一个事件，这是他们生命中的关键时刻，其间发生了一些错误或意外情况，促使他们采取行动。气氛逐渐紧张，故事中的危机点即将出现，这正是我们要达到高潮的阶段——故事中最激动人心的部分。在这一环节，他们意识到自己并非失去了一切，只要克服恐惧，他们就能征服世界。结局和解决办法将会以一个完整的形式呈现，解释他们今天为何会出现在这里，并分享他们通过充实的人生所获得的智慧。

这既有条理又引人入胜且富有力量，但同时也是一个谎言。

哲学家索伦·克尔凯郭尔（Søren Kierkegaard）有句名言："人生只能通过回顾来理解，但必须通过前行来实践。"对此，我不敢有丝毫异议。关键在于，这些"炉边谈话"并非在回顾人生，而是在合理化生活。他们极少提及那些好运气、无所作为，以及"顺其自然""我只能这样做""这是唯一的机会"等观念，也缺少内心充满疑虑和"我毫无头绪"之类的表达。

聆听这些高管讲述自己的故事，常常让人误以为他们正过着理想中的生活。你几乎可以想象那种声音低沉的、带着浓厚美国口音的电影旁白："从五岁起，她便梦想成为一名首席财务官。尽管生活另有安排，但她绝不允许任何事物阻碍她的前行之路。"这就是为什么"你小时候想成为什么人"这个问题如此具有价值。当然，有天赋的叙述者能够在短短几章中将身份从"兽医"转变为"首席财务官"，但这一过程必然会经历一些意想不到的曲折。

那么，你小时候想成为什么人呢？很有可能你曾渴望成为某种名词或形容词所代表的角色。

这个名词最初可能指代一种职业，但更有可能代表一种使命。你可能想成为一名兽医、一名教师、一名医生、一名歌手或一名救护车司机。很少有孩子想成为会计，也很少有孩子想成为领导力发展专家。你可能想象不到，我小时候想成为一名加油站服务员。

这个形容词可能代表的是一种结果。你曾经可能想变得出名、快乐、富有，或者仅仅是获得普普通通的成功。无论你的答案是什么，它都反映了你成长的文化环境，也反映了你内心的渴望。

对于领导者在“炉边谈话”中分享的成功故事来说，情况也是如此。他们的故事既反映了他们所处的文化环境，也传达了他们试图创造的文化。他们讲述的，与其说是自己的故事，不如说是他们认为应该成为领导者的人的故事。他们的成功与其说是为了呈现事实，不如说是为了施加影响而被合理化。他们更关注自己叙述背后的“为什么”（“我为什么要与你分享此事”），而非事件本身“是什么”（“发生了什么”）。

然而，就像孩子一样，如果我们渴望成功，就必须重新与我们希望成为的人或事物建立联系。明确这一点，有助于我们判断自己究竟是受到文化力量的驱动（感到应当成为那样的人），还是在为自己的未来进行真正的规划（渴望成为那样的人）。就像孩子一样，我们需要区分名词和形容词。名词描述的是角色，而形容词则赋予我们前进的动力。

本书第一部分包含的几条法则旨在帮助你明确“是什

么”的问题，我们将探讨成功意味着什么、领导力是什么、你能贡献什么价值，以及你拥有什么价值观。这一部分旨在帮助你回答在通往成功的道路上至关重要的两个问题：你知道自己在追求什么吗？你拥有实现目标所需的素养吗？

法则 1

你可以成功

加拿大温哥华

有三个经典的问题，我时常被问到，无论是在会议发言、主持会议、参加研讨会时，还是在轻松的闲聊中。在这些场合的某个时刻，总有人会抛出这三个问题，或是它们中任意两个的组合，有时甚至是三管齐下。

首先被问到的问题是："您的名字该怎么念呢？"似乎很少有人意识到法语的小调皮——它喜欢在单词里藏几个不发音的字母。拿我的名字来说，如果你能巧妙地跳过那些默默无闻的字母"l"（它们的存在，仅仅是为了把"i"变成一个轻柔的"iy"声），以及那个神秘的"t"（我们至今也没搞懂它为何出现在那里），你大概就能模拟出"go-be-yo"的音调，这差不多就是正确的发音了！

第二个问题总是紧随其后："领导者是天生的还是后天

培养的？”我回答这个问题时总是小心翼翼，因为我深知这个问题背后承载着渴望。提问者或许在内心深处认为自己生来就肩负着领导的重任，或许他们希望通过不懈的努力和奉献，最终能够掌握这项难以捉摸的艺术。

第三个问题接踵而至：“什么才能造就一个伟大的领导者？”提问者的眼神中满是期待，他们渴望得到一个简洁明了的答案，最好是那种能够用三言两语就能概括的要点。他们希望我能够像变魔术一样，从帽子里掏出三个神奇的秘诀，让他们立刻变身为领导者。

那天，在加拿大的一次会议发言中，主持人跳过了那个关于我的名字如何发音这一老生常谈的问题。不过，我可没能逃过接下来的两个问题。有个聪明的听众巧妙地将这两个问题糅合在一起，问道：“您认为是什么造就了伟大的领导者？这些特质是与生俱来的还是后天培养的呢？”

如果我之前的答复显得轻描淡写，那让我现在重新郑重其事地给出回答。这些问题不仅重要，而且完全合理。毕竟，如果领导力真的是由基因决定的，那么对于那些缺少这种基因的人来说，培养领导力似乎就成了一项艰巨的挑战。而如果领导力是可以后天培养的，那么我们就得确保我们努力培养的特质确实能够引领我们走向成功。

然而，这一次我感到惊讶并非毫无缘由。尽管在漫长的职业生涯中，这个问题已经被无数次抛向我，但那个特定的场景却始终在我脑海中挥之不去，仿佛是一道挥剑舞动的光影，久久不散。那天，我站在台上，答案仿佛就悬在提问者的眼前，触手可及。

那次会议的组织者邀请我参加小组讨论，接受观众的提问。小组成员的多样性令人印象深刻——这在当时颇为罕见，即便在今天也并不多见。除了我，其他成员都是各自领域的杰出专家和领导者。我们这群人站在一起，简直就是一张从机构年度报告或多元化PowerPoint演示文稿中直接截取的完美照片。我们之间的唯一共同点就是我们在各自领域的卓越成就和专业造诣。尽管我们可能并不自诩如此，但主持人在介绍我们时，毫不吝啬地使用了“成功”和“专家”这样的词汇。

截至那时，每当有人好奇地探问“领导者究竟是天生的还是后天培养的”这个问题时，我总是有一套标准答案。自打我的两个孩子出生，我和众多父母深聊之后，我得出了一个结论：当新生儿呱呱坠地时，你很难将他们与“领导力”这个词联系起来——尽管他们长大后有在夜里把你吵醒的本事，这或许暗示了他们潜在的领导才能。

但别急，我还有个稍微长一点的版本。想象一下，即使未来某一天，科学家们真的发现了所谓的“领导基因”，我们也会惊讶地发现，许多携带这种基因的人并没有成为领导者。单独拥有“领导基因”并不能保证你一定会成功，就像即使你体内充满睾丸素，你也不一定能在马拉松赛道上夺冠。领导力更像是那个最终的公平机会提供者。对某些人来说，拥有领导力可能像呼吸一样自然；而对另一些人来说，可能像攀岩一样费劲。但请记住，成功从不会唾手可得，却始终在不远处招手。

在那个特殊的日子，在那间充满期待的房间里，“是否存在成功的先天倾向或秘诀”这个问题的答案，就在我们这群人中，就在那个舞台上。我们的专家小组，就像一本活生生的成功教科书，证明了成为一位成功的领导者并非少数人的专利，而是对所有人敞开大门。因此，我们不仅给出了答案，还把它放在了最重要的位置——你可以成功。

坦白说，这句话并不太适合出现在那些鼓舞人心的励志海报上。如果我许诺“你定能成功”，听上去会更有说服力。毕竟，“你定能成功”这样的承诺既能俘获人心，也会成为出版商的畅销卖点。

但现实是，你对于我而言是个陌生人。你是否愿意付出汗水，是否愿意遵守那些或明或暗的规则，我无从知晓。你的征途何在，你渴望抵达的终点又在何方，这一切我都不得而知。我对你的背景和你所共事的伙伴们一无所知（我们稍后会发现，他人在你成功的道路上扮演的角色举足轻重）。因此，尽管成功的保证听起来美好，但那不过是空洞的承诺罢了。

我无法预言你能否抵达成功的彼岸。然而，忆及那些在温哥华舞台上的动人瞬间，那群不屈不挠的人，我确信，没有任何阻碍能让你停下脚步；我确信，没有任何事物能够阻碍你勇往直前；我确信，你可以成功。

“你可以成功”这句话之所以放在成功法则的第一条，是因为它强调了取得成功的关键在于个人自身。当然，某些人相较于他人拥有更多的优势。实际上，我在2007年撰写第一本书《连接型领导者》时，提及了国际商业领袖网络组织“考克斯圆桌会议”的研究，该研究让我知道了我拥有怎样的优势。既然你现在正拿着这本书，那么你同样也拥有这样的优势。

上述研究指出，如果你家的地面不是泥土的，你就已经站在了世界人口前50%的行列。如果你的家里有屋顶、门、窗户和不止一个房间，你就已经跻身前20%。假如你的家中有冰箱，那么你已经位列前5%。而如果你拥有汽车、计算机和微波炉，那么恭喜你，你已经跻身那顶尖的1%了。

因此，我非常清楚，有些人在人生的起跑线上就比别人拥有更好的起点，并且在人生旅途中得到了更好的支持。然而，即使如此，唯有他们自己才是自己成功的设计师（即使不一定一直是其成功的建造者）。无论你处于何种境遇，无论你拥有或缺乏何种优势，不变的事实是——你可以成功。

要将“你可以成功”转变为“你定能成功”，可以采取以下两个步骤：第一，明确并细化成功的定义；第二，提升自身的运气。

首先，让我们来谈谈如何明确并细化成功的定义。我知道这看起来显而易见，但在我遇到的许多人中，虽然他们都说想要成功，但很少有人能告诉我成功对他（她）来说意味着什么。而且，对于每一个能够清晰表达成功“是什么”的人来说，一百个人里至少有十个人无法告诉我他们为什么想要成功。然而，了解成功对于你而言意味着什么，以及你为什么想要成功，对于实现成功至关重要。

“什么”给了我们一个标志，“为什么”给了我们一个理由和一些选择。如果两者都没有，你几乎不可能成功。

我们来举个例子。假设你想要在职业上取得成功，“在职业上取得成功”这是一个高尚的目标，但它不够详细。“在职业上取得成功”是什么样子的呢？你会用你渴望晋升的职位来定义它吗？如果那个职位消失了，你会怎么办？

我们可以更好地明确这个目标。你可能会说“我希望我在50岁之前成为我所在银行的高层”或者“我希望我在30岁之前晋升为我就职公司的合伙人”。如果我们能够明确地陈述出SMART目标[1]，管理培训师会很高兴的。但我们还是遗漏了一部分，我们遗漏了“为什么”。我们知道了你想要得到什么，但我们不知道你为什么想要得到它。

想象一下，你实现了你想要实现的任意一个目标：你在48岁时成了银行的CEO，或者在25岁时晋升为公司的合伙人。然而，在这个过程中，你却从未交到任何朋友。你得到了职位，但你感到疲惫和孤独。那时，你会觉得自己成功了吗？这既不是反问，也不是评判性问题。也许你仍然觉得自己很成功，这对我来说没问题，毕竟这是你的人生。重点是，为了形成一个答案，你不得不超越单纯，用“什么”来定义成功。你开始思考，为什么这些晋升对你来说比生活中的其他方面更重要。

成功是一种难以量化的情感状态，简化其定义可能会削弱你实现成功的能力。因此，你需要拓展和细化自己的思维方式。深入思考成功的具体要素至关重要。越能明确这些要素，你就越有机会去实现它们。

那么，是什么驱动你渴望成为CEO？或许是希望在自己所处领域被公认为专家；也可能是追求被尊重，并对他人的生活产生积极影响；抑或是寻求财务上的安全与独立性。此

---

① SMART目标管理是一种常用的目标设定方法。SMART由五个英文单词的首字母组成，分别是specific（明确具体的）、measurable（可衡量的）、attainable（可实现的）、relevant（相关联的）、time-bound（有时间限制的）。

外，也许你渴望被倾听和被需要。总之，你拥有目标、动机和若干关键要素。

现在想象一下，有这样一位三十多岁的女性：人们渴望在舞台上看到她的表演；观众们敬畏地仰望着她；她拥有一副强有力的嗓音，传递着强烈的情感；她不仅吸引了追随者的注意力，赢得了他们的尊敬，还激励他们采取行动；她在财务上比我们大多数人都成功；她正处于职业生涯的巅峰，并且登上了杂志封面。毫无疑问，她是一名成功人士。她拥有上述所有的成功要素。

以上这段文字，既能让我们联想到因种种正确缘由而声名远扬的歌手嘎嘎小姐（Lady Gaga），又能让我们联想到由于种种错误缘由而臭名昭著的血液检测公司Theranos[①]创始人伊丽莎白·霍尔姆斯（Elizabeth Holmes）。关键之处在于，在达成成功目标的道路上，存在着数不胜数的方法。成为优秀领导者的路径也是各不相同的，存在着多种多样的可能性与变化。

理解成功究竟“是什么”和“为什么”，有助于你明确自己的选择方向。把它们细化为核心要素，能够助你拓展这

---

① Theranos是一家由伊丽莎白•霍尔姆斯（Elizabeth Holmes）在2003年创立的血液检测公司，伊丽莎白•霍尔姆斯当时年仅19岁，从斯坦福大学辍学以追求这一创业梦想。Theranos的名字由“therapy”（治疗）和“diagnosis”（诊断）两个词组合而成，体现了公司试图革新血液检测技术的初衷。

些选择的范围。它赋予你一种灵活应变的能力，而拥有这种能力对于抓住稍纵即逝的机会而言至关重要。这便自然而然地引出了我们的第二步——迈向幸运之旅。

在通往成功的道路上，运气无疑扮演着举足轻重的角色。然而，颇为有趣的是，当人们提及运气时，往往会带着一种轻蔑的口吻。那句常被错误地归于托马斯·杰斐逊（Thomas Jefferson）的名言——“我非常相信运气，我发现我越努力工作，我拥有的运气就越多”。运气已然成为励志演讲中的常见话题。它深刻地揭示出我们内心深处是多么不愿承认偶然因素在我们生活中所发挥的作用（或许我们这些顾问和作家确实难以从偶然因素中获取切实的利益）。从定义上来说，创造属于自己的运气似乎并不是我们能够轻易做到的事。尽管我们无法创造运气，却可以牢牢把握住属于自己的运气。

我们在前文中已然看到，出生的偶然性即便无法全然决定最终的结果，却也能够决定人们的一种发展轨迹。然而，这绝不意味着你无法影响到出现在你面前的机会的多少，以及你是否能够抓住它们。**想要变得幸运需要养成两个习惯——保持好奇与说“好”。**

好奇心是发现运气的关键所在。倘若你仅仅定义成功“是什么”，并一门心思地寻求实现它，那么你极有可能因过度专注于目标而忽视了前行的道路。如此一来，你便会错失身边潜藏的机会，不再质疑自己所选择的道路。而保持一颗好奇之心，放眼四周，你便能发现诸多机会，在那些显而易见的事物之外，获得你所定义的成功的要素。

这让我们明白说“好”的重要性。幸运来自把握机遇，运气不过是被把握的良机。你越是敞开心扉迎接机遇，幸运女神就越有可能降临。

之所以要把成功定义为一系列组成要素，是因为这不仅是一种智慧，更是一种策略。它让我们在面对机遇时，能够更加从容地说“好”。比如，你得到了一个项目，但是你只考虑它是否能帮助你达到某个“目标”（比如“这是否让我更接近CEO的宝座”），那么你对机遇的评价方式就会和从成功要素的角度来评估它时截然不同。或许这个项目只是让你在职业道路上水平移动，而不是向上提升，但它可能会更快地为你带来一些你渴望的成功要素，而不是坐等晋升的机会。

除非某个机会完全不能提供任何成功要素，否则在默认情况下，我们应对任何潜在机会说“好”。

那天在温哥华，面对观众，我给出的回答是：

“请环顾四周，我们虽然各具特色，但都被誉为各自领域的佼佼者。我们与你们之间的唯一区别，在于我们接受了这个邀请，站在这里与你们分享。我们之所以受到邀请，是因为他人在我们身上看到了一些闪光点，这促使他们向我们伸出了橄榄枝。然而，他们所看到的，不过是我们不懈的努力和在各自领域中的精耕细作，而非天生的特质。我们之所以全身心投入工作，是因为我们对成功有着清晰的认识，我们在生活中找到了那些定义成功的关键要素，并被它们深深吸引，这股力量驱使我们不断前行，不断追求卓越。我们能够敏锐地捕捉到每一个机会，并始终保持开放的心态去把握它。我们之所以勇敢地说'好'，是因为我们知道，这不仅仅是一个机会，更是一次自我实现的旅程。这并非简单的天赋或决心的叠加，而是一种目标明确与不断追求好运的结合。我们相信，成功不是偶然，而是我们对目标的执着追求和对机会的敏锐把握的结果。"

虽然这个答案可能稍显冗长，但它真实诚恳。它或许能为我们揭示成功的一隅，却未能深入探讨领导力的成功之道——这正是我们接下来要深入讨论的下一个法则。

法则1的启示

在本书中，我将为每一条法则提炼出核心启示。那么，我们的第一条法则能教给我们什么呢？

只有当你清晰地了解自己所追求的成功是什么，以及你追求成功的动机时，你才能真正实现成功。切勿被外在目标（如地位、财富等成功的标志）分散注意力。相反，要专注于这些目标为何对你重要，以及它们将如何丰富你的生活（比如提升你影响他人的能力，使你感受到自己对社区的积极贡献）。

在明确了自己的愿望（想要什么）和动机（为什么想要）后，你就需要全力以赴地去实现它。这意味着你要对自身环境（组织、行业、职业网络）以外的世界保持好奇心，以便发现那些不易被察觉的机会。同时，要确保你能够抓住任何可能带来微小成功的机会。

法则 2

把螺丝排列整齐

美国旧金山

我的第一位出版商总是将飞行路线作为书籍分类的灵感。她喜欢将那些需要分几次才能细细品读完的书籍比喻成“长途航班”。就像在飞机上，旅途被几顿餐食打断，让人不得不分几次才能抵达终点。她常会对那些“伦敦到纽约”这样大约需要七个小时才能读完的书籍进行深入思考。同时，她也会对那些“伦敦到阿姆斯特丹”的短篇励志故事书津津乐道，它们在商业上的成功总是令人瞩目。

但那天，当我俯瞰着云海，我甚至没能写出足够填满从我的公寓到办公室15分钟地铁旅程的文字。我飞得很高，飞越了大海，却冒着在出版商的心中失宠的风险。我向来不擅长在飞机上工作。对我来说，飞行意味着太多的干扰、太多的人、太多的期待，以及总是伴随着一些紧张。

有时，这份不安来源于我将面对的任务（我对于每一场约会总是满怀忐忑）。有时，它来自飞行本身（我向来都不是那种能自在飞行的人）。今天，这两种不安交织在一起。

那天，我乘坐着在那段时日里最颠簸的航班前往旧金山，在谷歌的总部（人们津津乐道的Googleplex）向听众发表演讲。这是我首次拜访这个著名的谷歌园区。谷歌在上市后的第二年，其股票就被纳入标准普尔500指数，“Google”一词还被收录进了《牛津英语词典》。尽管遭遇了国际金融危机和随之而来的经济衰退，谷歌依然是时代精神的一部分。它是我所有客户中，我的孩子们第一个听说并且感兴趣的公司。我担心这次飞行，担心我的演讲，担心时差。下午五点飞机降落时，我的心情并不在最佳状态，但这一切即将改变。

在从机场到市区的出租车上，我已经为这个晚上做好了计划：登记入住，享用晚餐，尽量保持清醒，以便在第二天演讲前有充足的睡眠。第一部分的计划进行得很顺利，入住手续快速完成。但是，当我抵达房间时，计划的第二步却出现了意外。当我伸手去开灯时，我不禁对那个电灯开关产生了浓厚的兴趣。你要知道，这不是我通常会做的事情。

这个开关上有三个按钮、一个看起来像温度调节器的仪表盘，还有八个螺丝。在这八个螺丝中，有四个在开关上方，另四个在开关下方。我重申一下，这没什么值得兴奋的。但我对这个开关越来越感兴趣，于是我决定给酒店前台打电话，询问我是否可以进入其他空置的房间（当然，前提是这些房间是空置的），这样我就可以看看它们的开关了。

这是在旧金山，前台的年轻男子似乎并不惊讶。他的回应让我的要求听起来完全合情合理，好像我提的要求是他司空见惯的事情。于是，我便开始探索了。在我意识到自己已经展开了一项完整的研究项目之前，我已经参观了四层楼、七间房间。当时的我尚不知晓，十多年后，我仍在讨论那间房间里的电灯开关。你知道吗？这个电灯开关是我迄今为止见过的最具领导力象征的形象。

我将开关视作领导力的类比，或许会引发这样的思考："领导力即照亮问题"或"其核心在于清晰度"；另一些人则可能将领导力定义为"创造卓越环境"，并认为温度调节器代表了前瞻性。然而，我的推理并非如此。

正是螺丝，尤其是螺丝槽，使我停下来思考。每个螺丝的头部都有一个独特的槽，每个槽与相邻的槽完美对齐，从而在顶部四颗螺丝和底部另一颗螺丝之间形成一条完美的水平线。在安装开关时，为什么电工要确保这些螺丝彼此对齐？这可能有多重原因。

或许像我一样，他们从这种对齐中获得了美学上的愉悦。然而，更重要的是，他们可能是出于安全考虑而选择这样做。我听说在医院里，电工经常被要求确保螺丝上的槽始终是垂直的。这一做法旨在将灰尘在缝隙中的堆积减至最少。但在这个特定的例子中，更有可能的是，电工得到指令，要将螺丝对齐，以便能够迅速检查插头内部的电线是否移动（如果螺丝出现偏移，则表明某种物体发生了移动）。

找到正确的解释仅仅需要进行一些研究。也许螺丝会自动对齐：在某种情况下，当螺丝被拧紧时，槽会自动处于水平位置。尽管这一点不太可能，但研究就是研究，我们不能轻易下结论。

如果所有房间内的螺丝都保持对齐，那么所有电工，或者至少有一位电工（尽管我不相信整个酒店由一位电工布线）必然接到过关于对齐槽的指示。

然而，如果所有房间内的螺丝未能统一排列，这便暗示着潜在的其他问题。

在我能够进入的房间中，有两间的所有螺丝的槽均整齐排列着。然而，酒店其他区域却没有一个螺丝的槽是有序的。因此，这种排列并非出于规定，而是旧金山有一位特别的电工，他（她）会将自己负责的螺丝整理得井井有条。这位电工向我传授了成功领导力的第二条法则——确保你的螺丝排列整齐。以下是具体的实施方法。

在探讨和发展领导力之前，明确定义一切相关概念至关重要。在第一条法则中，我们讨论了对于你而言什么构成了成功，以及它所带来的益处。显而易见，由于这是一本关于领导力与成功关系的书籍，我们需要明确界定何为领导力。那么，一位能够有效排列螺丝且取得成功的电工，与领导力定义之间又有什么关联呢?

与其他生活领域不同，在职场上，下级领导者是由上级领导者任命的，并非由追随者选出。因此，**要想在职场上成功领导他人，首要任务就是确保有人愿意跟随你。**这看似显而易见，但如果你转过身来却发现身后空无一人，那么你实际上并没有在领导任何人。当然，**仅仅拥有追随者是不够的，你需要让他们行动起来，你需要他们的贡献和努力。**而这种努力可以分为两种类型。

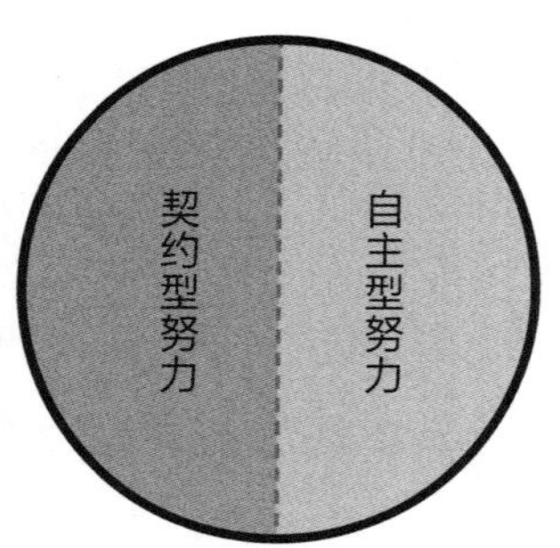

第一种是契约型努力。顾名思义，契约型努力就是履行合同义务范围内的工作。获取契约型努力并不难，让人去做某件事很容易，你只需提供足够大的激励或压力即可。你可以用友好的方式提出你的要求，有些领导者已经掌握了这种迷人的强制艺术。无论采用何种策略，你期望达成的结果都是一样的——“按照我的指示去做”。

契约型努力的困境在于，当你对他人下达指令说“请按照我的指示行事”时，他们通常会选择服从。即便他们心里清楚你的要求可能并不明智，或者他们预见到你的方法可能会导致失败，甚至他们自己知道有更好的途径，他们还是会按照你说的去做，因为这是你所期望的。

另一种努力被称为自主型努力。这与自主支出的概念相似。自主型努力指的是在完成了所有合同义务之后额外的努力。

我确信在你工作生涯的某个阶段，你一定全身心投入过。你沉浸在工作中，忘记了时间。你会不惜一切代价去追求卓越，不管这是否在你的契约范围内。这就是自主型努力。

领导者需要其追随者同时具备这两种努力。

契约型努力是组织运营中不可或缺的一环，它存在的意义重大。缺少了它，组织将不得不承受沉重的成本负担。在没有明确的合同框架的情况下，每次任务的执行都可能需要重新界定角色和责任，这无疑会使得管理的复杂性和成本飙升。更为重要的是，在面临紧急情况或危机时，契约型努力的作用尤为明显。它能够确保快速响应和作出决策，避免因犹豫不决或延误而导致的潜在巨大损失。

问题的关键并不在于依赖契约型努力，而在于过分依赖它。如果你仅依赖契约型努力，那么你的角色便不再是一个领导者。你只是在持续地施加影响和控制。契约型努力本身并不需要领导力的介入，它更需要有一个精通业务的人力资源部门来执行。

契约型努力的实践存在两个挑战，除非你引入自主型努力的元素，否则这些挑战不可避免。第一个挑战是，你必须对所追求的目标有清晰的认识。如果你无法准确表达自己的需求，那么成功就无从谈起。然而，在不断变化的当下和充满不确定性的未来，实现这一点几乎是不可能的。

第二个挑战是，你必须亲自作出每一个决策，因为作为负责人，人们往往只会执行你的指令，而不会主动作为。这两个问题共同削弱了你预见和适应变化的能力。

这只能通过自主型努力来缓解。数十年的研究已表明，自主型努力员工的财务收益远超微不足道的成本，这一点不言而喻。人们做自己认为正确的事情，而不仅仅是遵循外部要求，这具有重要价值。

人们超越被动执行，主动肩负起必要的任务，这样的行动是值得赞赏的。他们不仅仅满足于解决那些显而易见的问题，而是勇于提出创新的解决方案，以应对那些尚未被识别的挑战，这样的洞察力是至关重要的。同时，当他们在你的决策偏离正确轨道时勇于指正，而不是在错误发生后冷眼旁观，这样的正直和勇气是极其宝贵的。

我们的旧金山电工完美地诠释了契约型努力与自主型努

力的结合。他（她）准时到达工作岗位，开启开关，让灯光照亮每一个角落，这体现了他（她）对契约义务的忠实履行。不仅如此，他（她）还细心地排列螺丝，确保其整齐有序。这一行为不仅为他（她）的同事们的未来工作提供了方便，使他们能够更容易地检查开关的潜在问题，同时也让那些古怪的法国客人得以欣赏到那些水平螺丝槽的工艺之美。

这位电工不仅仅在完成任务，他（她）对自己的工作充满热情，这种热情让他（她）超越了契约所规定的职责范围。他（她）的卓越表现可能还会体现在清理工作现场的琐碎垃圾上，而不仅仅是整理螺丝槽这样的细节上。他（她）深知，**卓越并非来自某种抽象的战略，而是源自一系列简单却能产生深远影响的小行动。**

当然，你可能没有注意到那些排列整齐的螺丝槽，但你会注意到那位电工。你知道，当他（她）踏入你的家门时，很可能会先脱下鞋子。当他（她）修理开关时，如果发现灯具安装有什么问题，他（她）一定会告诉你。如果是个小问题，他（她）甚至可能会免费帮你修理。你可以相信他（她）会关心这些细节。他（她）不仅会出色地完成合同上规定的工作，还会做更多的事情，确保你满意。如果他（她）是自由职业者，他（她）将会成功；如果他（她）为一家公司工作，这家公司也会成功。

想象一下，如果你家里需要做一些电工活，难道你不想要那位会排齐螺丝的电工吗?

领导力不是哄骗或强迫人们去完成任务。领导力是创造条件，让他人积极地投入一个目标中去的能力。这意味着要为他人创造条件，让他们愿意发挥他们的自主努力。

在本书的第二部分深入讨论“如何”达成成功时，我们会重新审视这一议题。第二条法则之所以存在，是因为在日常忙碌的工作中，面对着巨大的压力和繁多的任务，人们很容易不自觉地回归到仅仅履行契约型义务的状态。心中常怀第二条法则，将帮助你时刻保持警醒，不忘初衷。还记得我之前提到的，你自愿付出额外努力的经历吗？你的全情投入与漠不关心之间的差异，可以归结为一个关键因素——领导力。你的上司可能记得，也可能忘记了那条关于始终确保细节完美的准则。

领导者的职责在于营造一个能够激发团队积极性的环境。领导者只有清晰地认识到自己的价值，并且理解别人如何感知这种价值，才能创造出这样的环境。接下来，让我们带着这个思考，继续探讨下一条法则。

法则 2 的启示

期待团队成员付出努力是必要的，但这还不够。我们需要的是方式正确的努力。驱使人们行动并不难，难的是引导他们以正确的方式完成正确的任务。这不仅仅是要求他们履行合同上的义务（契约型努力），更重要的是，他们需要积极地超越这些基本要求（自主型努力）。

因为，如果他们依赖于领导者始终正确无误、时刻在场地引导，如推动、刺激、劝诱和强迫他们完成任务，最终他们将不可避免地走向失败，而非成功。

领导力的真谛在于创造一个环境，激发人们积极地向着目标前进。唯有契约型努力与自主型努力的完美结合，才能确保从短期到长期的成功。领导力，就在于那些看似微小却至关重要的细节，这就像排齐每一个螺丝，确保整个机器的运转精准而高效一样。

法则 3

“EST”（最）和“ER”（更）并不能代表价值

英国伦敦

在研讨会上安排这些摄像头、麦克风和记者，并非我的主意。然而，我承认，我希望这是我的主意。

是客户的一名员工建议我们让专业人员参与其中的。“这样会让整个过程显得更加真实。”她说道。实际上，“真实”这个词甚至有些低估了这一情况。对于许多参与者而言，这种体验令人感到恐惧。但值得注意的是，这种恐惧其实是一件好事！

我们精心打造了这场研讨会，旨在将全球电信巨头的高层领导汇聚一堂。我们的目标简洁而明确——提供富有启发性的见解，助力参与者勾勒出他们的业务蓝图，并确定实现这些蓝图所需的文化导向。

我们选择以一个简洁而深刻的问题开启我们为期四天的研讨之旅。这不是一个空洞的反问，而是一个实际且至关重要的问题，它在全球范围内的公司零售点不断被提出：“我为何要选择你们？”

这正是记者们聚集在会场外的原因。他们像一群狼一样，守候着、等待着机会的到来。当参会者们从机场巴士上走下来时，他们立刻蜂拥而上，场面壮观极了。我们中的一些高管经过了严格的媒体训练，而另一些则凭借对媒体的深刻理解，从容应对。

那些以英语为母语的人似乎更加轻松自如。营销高管的回答则更加巧妙。那些商务人士，几乎在记者们还没来得及说“停”之前，就已经拿出了合同。这一幕既有趣又轻松，为一天的工作拉开了序幕。最重要的是，这一幕促使我制定了一条新法则。

这条法则是在工作团队与我共度的夜晚中孕育而生的。当时，我们一同回顾记者的录像，筛选关键信息和主题，并精心准备着第二天的反馈内容。大约十分钟后，我们不约而同地发现彼此脸上都挂着微笑，心照不宣。

在观看视频时，我们并未像父母观赏孩子在学校里的演出那样，眼中流露出自豪与成就感。我们更像是享受着观看低俗电视剧所带来的“罪恶快感”。高管们的演讲犹如一档糟糕的真人秀节目，仿佛是一集《学徒》或某个初次约会节目中的片段。

我们的高管们所使用的每一个词汇，无不以“-est”或“-er”结尾，彰显着我们的卓越：最快、最大、最精益、最简便、最经济、最优良、最和蔼、最轻松。这全然是以自我为中心的宣言！若这番话出现在速配活动中，恐怕没人能获得再次约会的机会。即便有幸得到，这样的关系也难以持久。你或许可以凭借财富、速度和效率建立起一种契约关系，但一旦竞争对手迎头赶上，你将何去何从？当你陷入贫困、迟缓和笨拙的境地时，关系又将如何维系？除非它建立在超越“-est”和“-er”的更深层次的基础之上。

我们的高管们能够表达他们产品价值的唯一方式，要么是关联到他们业务的特性，要么是聚焦于产品本身，或与竞争对手形成对比。一切都是关于他们自己的。我敢肯定，他们认为，通过这种暗示，他们谈论的一切都是对客户有利的，但他们从未觉得有必要再向前迈进一步。结果，这就像是那种约会——你会安排一个朋友在中途打电话来，以便结束那无休止的“我是不是很了不起”的对话。

但是，这件事为什么重要？我们的高管们并不是在约会，也不是在《学徒》上找工作。这很重要，因为无论你是想获得客户的自愿消费，还是追随者的自主型努力，你都必须清楚自己带来的价值，并以一种能够引起共鸣的方式表达出来。契约型的付出和努力或许能够应对各种“-est”和“-er”，但它们不会给你带来任何额外的自主型结果。

当然，了解自己的优势很重要，但这本身并不能给你一个全面的自我价值感。只有当你对自己的弱点和成长领域有所了解时，你才能清楚地了解自己作为领导者的身份。

在你开始担忧我对约会有某种特殊癖好之前，让我澄清一下，这之所以重要，是因为就像商业上的其他许多事情一样，**领导力本质上与人际关系密不可分。而人际关系，就像一部两人（领导者和追随者）参演的戏剧，如果你不知道观众（他人）认为什么有价值，那么你（领导者）就不知道自己有什么价值，你（领导者）的表演就无法触动人心。**如果你想要建立关系，就必须关心你的合作伙伴，和他们交流，你对他们的关心程度要和你关心自己的程度一样。

确定自己的价值就像是踏上一场自我探索的奇妙之旅，不仅要挖掘自己独一无二的宝藏，还要洞察潜在追随者的独特需求。这可不是一场简单的“我有什么”与“他有什么”的比较大赛。要想让人心甘情愿地追随你，你就得创造出一种令人难以抗拒的魅力。当我们评估自己的价值时，可别只盯着那些传统的、冷冰冰的个人成就清单，或是在竞争的世界里打分数。

领导者往往缺乏对自己价值的清晰认识，对于这一现象，我一直感到困惑不解。虽然我们将在法则7和法则8中探讨这一问题的根源和解决之道，但归根结底，这很大程度上是因为我们不愿意敞开心扉，向他人坦诚地表达他们对于我们而言有何价值。这种缄默，尽管在某些文化中表现得更为突出，但它普遍存在于各种文化之中。

无论你如何评价自己，你的周围总会有同事暗自羡慕："我要是能像他（她）那样就好了"或"我要是能做到他（她）所做的一切该多好"。然而，他们永远也不会主动向你表达这种感受，而你也永远不会主动去问。但这样的感受确实存在。这种反馈的缺失，正是个人认识自身价值的重要障碍。请不要误会，我并不是主张盲目乐观，只看到优点而忽视缺点。我深知弱点可能对职业生涯造成的破坏性影响。但我更加清楚地意识到，如果我们不能理解自己的独特之处，就无法有效地创造和提供价值。

首先，确立自身价值的第一步，是深入挖掘那些使你独一无二的特质。这个过程可能需要一番努力，但请务必抽出时间，认真审视自己的技能、优势和品质。专注于发现自己的强项，同时也要留意他人在哪些领域需要你的专业技能或帮助，因为这些领域往往具有不可忽视的价值。但请不要就此止步，否则你可能会陷入我在伦敦遇到的一些高管遇到的困境，他们只是发现了一堆"ESTs"和"ERs"，却未能深入挖掘。相反，你应该进一步探索，究竟是什么独特的气质和经历，让你获得了这些特殊的"ESTs"和"ERs"。

然后，勇敢地迈出寻求反馈的一步。从你信任的人开始，与他们分享你的困惑和不安，这样你会感到更加安心。

请他们坦诚地告诉你他们对你的看法，包括他们欣赏你的地方以及他们认为你具有价值的特质。记住，这不是为了寻找改进的空间，尽管自我提升的旅程永远值得追求，但那不是我们今天讨论的重点。

在收集了这些宝贵的反馈之后，花时间去思考你如何影响他人。**领导力，归根结底是一种能量的交换——创造一个环境，让他人能够积极地参与进来，**正如之前提到的法则所言。**在这种情况下，只有当你的独特品质真正影响到他人时，它才能转化为你的独特价值。**所以，你必须认识到自己的贡献，以及这些贡献对他人的影响。回想那些你以积极的方式改变他人生活的时刻，无论是在个人层面还是职业层面，你都要意识到自己的影响力和自己对他人生活的深远影响。

将自我反思与细致观察融为一体。**留意他人在不同场合下对你的反应，看看是否有人经常向你请教、征求意见或寻求帮助。**思考一下，他们为何会依赖于让你来完成某些任务，以及这种依赖发生的频率和背后的原因。**这些互动往往是你为他人带来价值的明确标志，**尽管他们可能并不总是能意识到这一点，或者不能清晰地表达出来。

同时，寻找那些你积极影响他人幸福感和快乐时刻的实例。**自愿的追随和努力往往是情感驱动的，并不总是出于有意的、理性的选择。情感在价值的构成中占有一席之地。**因此，请思考一下你能提供的情感支持，你如何积极地影响他人的心态或动力，以及你如何为营造一个积极的环境作出贡献。

探索你的独特之处，虽然这可能会带来一些风险。

第一个风险是，人们可能在不知不觉中成为自己所贴标签的讽刺对象。一旦被赋予某种标签，个体往往会逐渐符合这一形象。我相信，我并非唯一一个观察到人们总是从各种心理测试工具中获取反馈，并夸大自身所被标记的特征的人。同样，我深信，自从“内向”“冒名顶替综合征[①]”等词变得耳熟能详之后，不少人已经注意到，自称内向者或遭受冒名顶替综合征困扰的人似乎越来越多了。

有一次，我询问我的英国代理人，客户为何选择聘用我，而非其他领导力演讲者。他回答道：“你是法国人，而且富有幽默感，这在某种程度上是一种罕见的组合！”我无法否认第一点是一个事实，同时也认为第二点颇为令人愉快，但这究竟意味着什么呢?

显然，它表明，在我的专业领域，技能本身并未形成明显差异。专业技能是理应具备的，是基础，而表达风格才是关键。我是一名法国人，这意味着从文化的角度来看，我处理事务的方法与更典型的盎格鲁-撒克逊学派有所不同。而幽

① 冒名顶替综合征（Impostor Syndrome）是一种心理现象，表现为个体对自己的能力和成就持续的、不合理的怀疑，尽管有相反的证据表明他们的表现很好。这种综合征通常影响高成就者，他们对自己的成功感到不真实，害怕被人揭穿是一个“骗子”。患有冒名顶替综合征的人常常将他们的成功归因于运气而不是自己的能力，他们可能会忽视自己的成就，认为这些成就是偶然的或者是因为其他人没有看到他们的“真实”能力。

默则使得观众更容易关注和记住我的演讲内容。然而，无论我如何解读这一现象，这并不意味着我需要在下次演讲时佩戴贝雷帽，身穿条纹衬衫，并准备一整套喜剧表演。

第二个风险是，你可能会变得过于以自我为中心。你没有意识到，在领导力价值的语境中，你的独特性或与众不同之处只有在对他人有意义时才显得有价值。对于那些对法国有成见的人来说，“幽默”和“法国人”这些特质并没有提供什么显著的优点，这就像当人们寻求的是可靠的价值时，“ESTs”和“ERs”无法改变人们的态度一样。

这就是为什么除了理解我们自己的独特价值之外，我们还需要了解我们想要吸引的人所重视的价值是什么。那个群体有什么独特之处，又有哪些共同点。

首先，清晰地界定你试图吸引的人群范围。你可以根据自己的需求来决定这个人群范围的大小，但你需要有一个明确的概念来指导你的研究。接着，你需要弄清楚是什么（无论是社会、文化还是职业上的联系）让这个群体凝聚在一起。他们的目的是什么？他们的价值观、信仰、目标、活动是怎样的？他们的人口统计特征和文化构成是怎样的？他们将依据哪些标准来评估你的价值？他们所代表的独特视角、原则或哲学理念是什么？

观察该群体的内部动态（比如领导结构、决策过程、社会互动等）将有助于你深入了解这些问题。

要探究一个团队的独特之处，我们得先跳出固有的思维框架。就像侦探一样，我们要从外部视角出发，审视那些贴在团队身上的标签、团队的名声或人们赋予它的各种联想。这些印象就像团队的名片，塑造了它与众不同的形象。但别急着下结论，我们还得深入挖掘，找出那些一再出现的主题或关键特征，正是这些让这个团队脱颖而出。就像寻找宝藏一样，我们要找到那些将团队成员紧密联系在一起的共同点和独特性。这些特质，就是团队的价值所在。

让我们回到高管身上。在审视他们的价值时，他们能够给出怎样独到的见解呢？他们供职于一家电信巨头公司。他们向我们夸口说，他们的网络覆盖最广、速度最快，资费也最简单、最公正。至少，这是他们的说辞。我们要做的第一步是得确保他们对自身价值的评估与客户的真实体验一致。不过，我们暂且假设他们所言非虚。

那么，对于那些他们力图吸引的零售店顾客来说，他们又有何独特之处呢？换句话说，对于这些顾客而言，他们的产品或服务有何与众不同的价值呢？

在电信行业，市场广得惊人：谁不需要手机呢？我们的高管团队隶属于一家足迹遍布全球的大型企业。不同于那些只盯住某一块蛋糕（比如富裕客户、大型企业、小型企业等）的小众玩家，这家企业提供的产品和服务面向普罗大众，高管不挑客户，不管是富人还是穷人，不管是规模大的企业还是规模小的企业，都是他们的目标用户。那么，这群形形色色的用户有什么共同诉求呢？让我斗胆一猜，毕竟我并非电信或营销的行家里手，我想，他们大概都希望能随时与重要的人保持通话。

想象一下，伦敦的清晨，寒风凛冽，高管们刚下机场巴士就被一群记者团团围住。他们该如何应对这番穷追猛打？他们或许可以这样回答“我们在乎你与心爱之人的每一次通话”，以此彰显他们对通信连接的执着追求；又或是回答“你永远不需要联系客服”，以此强调他们提供的服务既可靠又简便。请再次注意，我并非营销领域的专业人士，所以我相信，一定有比上面的表述更精妙的措辞。但核心在于，高管的措辞要从“我”——一个领导者的身份，或“我们”——一个组织的身份，转变为情感更加强烈的“你”——尊贵的客户的身份，以及“我们”——您可信赖的合作伙伴的身份。

看完原始录像后，我们对其进行了剪辑，并在第二天早上播放了一个精简版本。我们围绕它展开了讨论，我多么希望我们灵光一闪，想到一个我永远不会忘记的绝妙主意，但显然我们并没有想到，因为我实在记不起我们当时达成了什么共识。不过，有一点我是肯定的，那就是无论在商业领域，还是在作为领导者的我们身上，“-est”和“-er”这两个后缀绝不可能代表什么真正的价值。这，正是我们下一条法则至关重要的原因所在。

法则 3 的启示

了解你的个人价值，是作为领导者清晰勾勒愿景和宗旨的灯塔。个人价值构筑了坚实的基石，用以催生激发人心的环境，激励他人投入自主型努力。

你的个人价值，对于你引领的团队而言，是一股不可忽视的力量。然而，正如我们所见，领导力与其说是你的个人秀，不如说是一种共鸣，因为如果没有追随者，领导力便是空中楼阁。因此，单纯以个人成就或与他人的较量（那些以“-est”“-er”结尾的词汇）来衡量价值，无疑是一种根本性的偏差。

确立个人价值，就像是一场深入灵魂的寻宝游戏，你得找出那些让你在人群中脱颖而出的特质，那些真切到骨子里的自我。你得琢磨，这些特质怎样化作他人的羽翼，助力他们飞向心中的梦想，同时也带领大家抵达共同的璀璨星河。当你把你的价值观念阐述得淋漓尽致时，这将不只是与他人结下了不解之缘，更是在心灵之间架起了一座彩虹桥，确保即便你不在场，他们也能像自动驾驶的特斯拉汽车一样，稳稳当当地驶向你设定的辉煌目标。

法则 4

领导是一种道德行为

荷兰阿姆斯特丹

只有在荷兰，才会如此！

想象一下，一个在法国出生又在英国度过了四十载春秋的人，荷兰文化的新鲜感会带给他何等的震撼。在法国，你的思想和情感似乎非得用冗长而华丽的辞藻表述出来才能显得有价值；而在英国，最好还是把内心的想法和感受深藏不露；然而，在荷兰，你大可畅所欲言，不必在乎他人的感受。

你直言不讳，你坦率表达。只要你有所思、有所感，你就大胆说出来。你的话语可能带来怎样的影响，似乎并不那么重要。无论你向谁倾诉，他们也同样不会回避，直接告诉你他们的想法。这种方式直接、简单、不加修饰。它可能显得有些奇特，有些古怪，甚至有些粗鲁。但，正是这种直率，让人感到耳目一新！

那天，我有幸被邀请到阿姆斯特丹参加一场盛大的活动。主办方安排我演讲约一小时，随后与观众互动答疑，最后为我那刚刚问世的处女作签售。这不仅是我的第一部作品，更是我踏上写作与演讲舞台的第一步。我的心情既忐忑，又激动，但最深切的感受是无尽的感激。可好景不长，我很快便遭遇了那个让人避之不及的尴尬问题。

在第一条法则“你可以成功”中，我提到我总是被问到的三个问题：“您的名字该怎么念呢？”“领导者是天生的还是后天培养的？”“什么才能造就一个伟大的领导者？”但这并不完全准确。实际上，在大多数问答环节中，还会有第四个问题出现。这个问题可以有不同的表现形式。有些人可能会问：“哪位领导者最能体现您所倡导的领导风格？”其他人可能会更直接地问：“您最钦佩的领导者是谁？”不管它以何种形式出现，这都是一个让我头皮发麻的问题。

我害怕这个问题，因为我知道无论我怎么回答，都不可能让提问者满意。他们不只是想让我随便说个名字。他们希望我说出他们耳熟能详的名字。他们想要的是纳尔逊·曼德拉（Nelson Mandela）、英迪拉·甘地（Indira Gandhi）、史蒂夫·乔布斯（Steve Jobs）、谢丽尔·桑德伯格（Sheryl Sandberg），或者是那个时代、那种文化中红极一时的名人。问题是，我根本不认识这些人。

我见过名人。我见过商界、体育界和政界的巨星，也见过摇滚明星。通常这种情况发生在会议上，他们离开舞台，我走上去，或者反之。我对他们的全部了解，仅限于和他们简短寒暄和握手时的感觉。我见过他们，但我并不真正了解他们。

我拜读过不少所谓伟人的传记。我了解他们自述或他人笔下的他们，但我从未亲身体验过他们的工作风格。无论我是否与他们有过一面之缘，或是仅仅通过文字了解，我所接触到的，仅仅是他们塑造的形象。我并不真正了解他们本人。因此，我又怎能坦率地对他们的领导才能有一个透彻而准确的评价呢？我又怎能将一个我只在纸面上见过的、几乎是夸张化的人物，奉为榜样或典范呢？

诚然，有许多领导者赢得了我的敬意。这些是我有幸亲自合作或在研究中观察到的领导者。但如果你们从未听说过他们的名字，我提及他们又有何意义呢？

我从不逃避以可能得罪听众的方式回答问题——只要我确信答案是正确的。但我从不喜欢给出一个含糊其词的回答。而当被问及我最钦佩的领导者时，我知道我的回答可能会让人失望。

我也害怕这个问题背后的潜台词：试探我，看我是否有资格发言。是一种考验吗？还是在寻找一个值得效仿的典范？如果是前者，我可能无法满足期待。如果是后者，那么提问者可能会失望。

这次的情况倒是不错，因为我从未与那位人物谋面，所以不可能因此受到评判。但坏消息是，即便没有亲眼见过，我对这个问题也不可能没有看法。我无法给出一个含糊其词的回答。

这次在阿姆斯特丹，在那个阳光灿烂的午后，在一个可以俯瞰美丽运河的优雅场所，我被直截了当地问道："阿道夫·希特勒（Adolf Hitler）是一位伟大的领导者吗？"这种问题，大概也只有在荷兰才会碰到！

这是我头一遭面对这样的问题，但我知道，这绝不会是最后一次。我很快就意识到，无论是在会议的问答环节还是在社交媒体上的讨论，只要时间够长，总有人会提起希特勒。这让我深刻地认识到，在讨论第二次世界大战及其主要人物，或是任何战争或历史人物的领导力时，我们必须多么谨慎。

就在几年前，英国的小报头条报道了一位领导力顾问，这位顾问在一次政府资助的研讨会上展示了希特勒的照片。这当然不会是我会做的事。事实上，我有个个人规矩，即我从不在我的工作中讨论第二次世界大战及其参与者，或者使用军事类比。我在这里打破这个个人规矩，只是为了强调一个对成功至关重要的法则：领导是一种道德行为。

现在，让我们回到那个令人深思的问题上。要判断希特勒是否是伟大的领导者，我们必须审慎地考量“伟大”的真正含义，并且深刻反思我们提出这个问题的真正动机。

让我们先从“伟大”的定义着手。在第二条法则“把螺丝排列整齐”中，我曾指出，“领导力是创造条件，让他人积极地投入一个目标中去的能力”。我曾强调，领导力关乎我们如何激励追随者付出契约型努力和自主型努力。基于此，**我将领导力定义为一种技能，而技能本身是中立的。**认为制作橱柜的技艺具有道德或不道德的属性，这无疑是荒谬的。

但是，开枪射击呢？把射击运动纳入奥运会，没人会站出来说这是不道德的。但即便是最支持美国宪法第二修正案的人，也不会把校园枪击案中的枪击描述为道德行为。评判一个人是否伟大，我们不能把其技能和应用场景剥离开来。

如果一个领导者能够让一个国家不仅遵守（契约型努力），而且在许多情况下还主动接受（自主型努力）那些残暴和令人厌恶的政策，这样的领导者绝不能被称为伟大的领导者。哪怕我们出于某种原因不得不用“伟大”这个词来表明其技能的展现程度，我们也不能忽视与其结果紧密相连的道德责任。**作为一种技能，领导力可能是不道德的，然而领导这个行为本身是一种道德行为。**

这正是我强调，在提出“希特勒是否为伟大领导者”这一问题时，需要我们深刻反省提问动机的原因。他的名字被提及本身就是为了说明一个问题，这是一个典型的“领导力陷阱”问题。我对他的行径的厌恶是没有任何商量余地的。何人能在道德的天平上，将希特勒视为非怪物的存在？在伦理的法庭上，将希特勒赞誉为伟大的领导者，无疑是一种不可饶恕的罪行。这一点显而易见。任何对希特勒的肯定，都是对那些不可饶恕暴行的肯定，是对道德底线的严重践踏。

可是，如果我们不谈论极端案例，而是转向历史上的其他领袖，比如说拿破仑·波拿巴（Napoléon Bonaparte），又会如何？面对法国大革命留下的混乱局面，拿破仑不仅重建了秩序，还留下了包括《拿破仑法典》在内的一系列利民改革的成果，这些改革直到今天仍然影响着法国社会。法国甚至在2021年为拿破仑去世200周年举行了纪念仪式。这难道不是伟大领导者的证明吗？

然而，我们能否忽略他导致的数百万人死亡，以及他让欧洲在他发起的战争铁蹄下颤抖了15年的事实？夏尔·戴高乐（Charles de Gaulle），这位战争英雄、法兰西共和国临时政府的领导人（1944—1946年）以及法国总统（1959—1969年）曾经这样评价：“拿破仑留给法国的是一片废墟，国土被侵占，人民流尽了血和勇气，国家比他掌舵之前更小……”夏尔·戴高乐的评价似乎并不符合我们对伟大领导者的想象。

那么，让我们换个角度，来谈谈另一位二战时期的领导人吧。温斯顿·丘吉尔（Winston Churchill），他算不算伟大的领导者呢？英国人民似乎已经用他们的选票给出了答案，在2002年英国广播公司（BBC）的民意调查中，他被冠以“最伟大的英国人”的头衔。这一头衔，无疑让他在伟大领导者的殿堂中占有一席之地。

英国人可能热衷于颂扬丘吉尔在战争中的卓越功绩。但是，对于印度人来说，他们可能更倾向于指出他对印度社会和文化传统的那些广为人知的偏见，以及他的政策如何间接导致1943年孟加拉大饥荒。而近年来，他的雕像成了所谓“文化冲突”的众矢之的，这让我们不得不对“伟大”的定义进行更深层次、更细腻的思考。

追求那些所谓的伟大领导者，往往让我们忽略了领导力的本质。根本就没有所谓的伟大领导者，因为压根就没有完美无缺的人。我们每个人都有缺点，只是程度不同而已。但在我们徒劳地寻找伟大领导者的过程中，一个关键的认识逐渐清晰——领导力作为一种技能可能是中立的，但领导行为作为一种实践，却不可能没有道德立场。领导行为作为一种有意识的行为，要么是道德的，要么是不道德的。我们可能永远无法像历史上那些著名领导者那样对社会产生深远的影响，但这并不代表我们的领导力就没有强大的影响力。领导作为一种有目的的行为，是不可能与道德割裂的。

法则1让我们明确了成功的定义，法则2将领导力定义为创造条件让他人积极地投入一个目标中去的能力。法则3则要求我们理解自己对他人的价值，并且以一种能够引起他人共鸣的方式表现这种价值。我们可以在不涉及道德的情况下完成这些事。然而，正如你为他人提供的价值能够造就成功一样，价值观的缺失也会导致失败。前三条法则帮助我们回答了罗布·戈菲（Rob Goffee）和加雷思·琼斯（Gareth Jones）在他们的著作《你凭什么领导别人》中提出的核心问题；但还有一个问题将决定我们能取得多大的成功——“你究竟想要领导什么？”

我们可以将成功等同于个人财富的增长，并借助民粹主义的理念聚集一群追随者协助我们实现目标。我们或许可以欺骗、撒谎。历史上不乏其人，未来也必有来者。想要在短期内取得成功，道德并非必需品，但若要长久保持成功，则非有道德不可。19世纪的美国废奴主义者西奥多·帕克（Theodore Parker）一语道破其中的道理：“横跨道德宇宙的弧线是漫长的，但它偏向正义。”

道德不仅仅是遵守法律条文，它是一套原则、价值观和伦理标准，影响着领导者的行为准则、决策过程和举止风度。它着眼于决策对各方利益相关者、员工、消费者和整个社会的深远影响。这些，正是维系长久成功的关键要素。

有道德的领导者如同灯塔，照亮团队奋进的道路，激发他们全力以赴的潜能，培育出坚如磐石的忠诚，编织起坚不可摧的人际网络，这些无疑会催生出更高的工作效率和组织成就。有道德的领导者总是勇敢地直面艰难决策，并且勇于承担后果。

那些由道德高尚者领导的组织，往往能够收获持久的繁荣。他们将诚信置于首位，与利益相关方和社会大众建立起了坚不可摧的信任关系。在面对挑战时，他们的道德指南针总能指引他们以明智、公正和透明的方式巧妙地绕过暗礁，稳健地驶向成功的彼岸。

想象一下，你站在领导的舞台中央，聚光灯下的你想要留下怎样的足迹？你是否已经找到了那些点燃你内心激情的火花，那些你深信不疑的目标和事业？你的最终目标又是什么？你期待如何在他人的生活或你的组织中留下你的积极印记？

你的目标应当与你内心的价值观和激情相契合，它们将为你指引明确的方向和赋予你深远的意义。虽然领导力可以被视作一项技能，但**成为一名真正的领导者是一段永无止境的成长之旅，充满了学习和探索。随着时间的推移，你的目标和部分价值观需要不断地演变和调整，以确保它们与不断进步的你保持同步。**你将逐渐塑造和完善自己对领导力的理解，明确自己的立场。然而，更重要的是，你必须坚持某些核心信念。

目前，我们已经深入探讨了你的身份和立场，但还有几个核心问题摆在眼前，亟待我们勇敢面对：你是谁？你的立场和信念是否真正达到了卓越的境地？

法则4的启示

我们已为成功下了定义。我们认为，领导力是一种艺术，它能够营造一种氛围，激励他人满怀激情地追求共同的目标。我们已经阐明了你的价值，并以一种能够触动人心的方式展现出来，能够唤醒他人内心深处的共鸣。我们勾画了通往成功的阶梯，但我们尚未触及失败的暗礁。

掌握领导技能是通往成功的敲门砖，但并非万能钥匙。真正可能导致我们跌倒的，并不是领导技巧的生疏，而是领导行为本身。它不在于你的价值有所缺失，而在于你的价值观有所偏差。

当我们立志成为卓越的领导者时，我们往往会聚焦两个要素——技能和追随者。我们致力于磨炼那些能让我们成为他人追随的灯塔的技能。我们努力解答这个问题："为何我值得他人追随？"短期内，这或许奏效，但如果我们没有首先回答一个更根本的问题——"我究竟想引领什么"，我们的短板和最终的失败就会逐渐浮出水面。

这并非技能层面的疑问，而是价值观层面的探索。虽然“为何”的问题能帮我们勾勒路线图，但唯有“何为”的问题才能指引我们正确地前行。

法则 5

不要高估真实性

马来西亚吉隆坡

别信那些把国际旅行说得光鲜亮丽的人。我可是住过不少糟糕的地方。

有些酒店的房间，服务生似乎从来没打扫过，或者压根就没来服务过。我住过热得像蒸笼的房间，也住过冷得像冰窖的房间，有的吵闹得让人睡不着，有的偏僻得让人心里发毛。我住过现代到连灯都不知道怎么开的房间，也住过古老到连灯都没有的房间。有一次，在澳大利亚，我一大早就被前台的电话吵醒，他们告诉我门外的嘈杂声是因为一个醉醺醺的飞行员在那儿吐了。而这次在吉隆坡的经历，简直是有过之而无不及。

我头一天晚上抵达吉隆坡。十四小时的长途飞行让那个夜晚非常难熬。第二天下午，我还有个演讲要参加，我可不希望一大早就有人来叫醒我。然而，清晨五点的敲门声打破了我的美梦。我迷迷糊糊地起床，打开门，门外却连个影子都没有。我低头查看，门前也没有任何东西。我只能无奈地回到床上。

这个度假村真是美得让人心醉！我住在度假村的一栋独立别墅里。入住过程无比顺畅，服务生还贴心地提供了一条冷毛巾和一杯清新的果味鸡尾酒，这让我感到十分满意。服务人员的表现无可挑剔，所以我把那突如其来的敲门声当作一个小插曲，打算继续进入我的梦乡。

然而，五分钟后，敲门声再次响起。我再次开门，门外依旧空无一人。我满脑子都是问号，但还是回到了床上。经过四次这样的折腾，我终于有点儿不耐烦了。我拨通了前台的电话，希望得到个解释。“那应该是猴子，先生。”这是我有生以来听到的最出乎意料的回答。

这还是头一遭，一件本该让人抓狂的事，却意外地让我心情愉悦。我住在一家酒店，屋顶上那群猴子竟然跟我玩起了恶作剧。这件事成了我记住这次旅行的原因之一。另一个原因是，在这里，我萌生了第五条法则：不要高估真实性。

我的演讲进行得很顺利。这是一场来自亚洲的多家公司参与的年度进修会。我用猴子的故事作为开场白，逗得一些人哈哈大笑，而那些同样住在这家酒店的代表们则报以同情的点头。我讲了整整一个小时，随后与大家共进晚餐。回到房间，我期待着能有一个更安稳的夜晚，同时也暗自期待明早那些调皮的“叫醒服务”。

这次旅程是少见的悠闲旅程，我不必马不停蹄地赶飞机。在回程之前，我还能在当地悠闲地待上几天。第二天，参会的一位CEO盛情地邀请我共进午餐。餐点吃到一半，他向我提出了一个请求。他告诉我，他的高管团队里有一位成员，凭借非凡的技术才能，事业一路飙升，成就斐然。虽然他在团队中颇受尊敬，现在却因为难以与人建立联系、影响他人而遭遇瓶颈。

那位高管并非那种让人避之不及的恶霸，也不是那种令人畏惧或讨厌的领导。他只是尚未能够以一种让他在高管团队中脱颖而出，从而赢得同事和下属尊重的方式来展现自己的领导魅力。CEO已经竭尽所能提供帮助，让人收集了同事们对这位高管的反馈，为他安排了培训课程，但似乎都收效甚微。他们甚至考虑过为这位高管聘请一位高管教练，但他一直持拒绝态度。不过，情况在前一天出现了转机。

听完我的演讲，他心里暗想：“我觉得这家伙或许能帮上忙。”CEO更是直言不讳：“他认为，你不像那些神神道道的心理学家，你可能真能教他几招。”这话对我和心理学家究竟是褒是贬，我还真拿不准，不过，我想这应该算是一种正面评价吧！

不过话说回来，我这人太急躁，又太固执，实在不适合当教练。

我明白教练的重要性，并且对那些杰出的教练充满了敬意。我曾亲眼看到我的一位同事仅凭她那精妙绝伦的提问技巧，就为一位高管带来了巨大的价值。她引领那位高管进行了一场心灵的探险之旅，最终他找到了属于自己的答案。帮助他人自我探索，而不是直接告诉他该怎么做，极大地提高了教练成功实施自己想法的可能性。

优秀的教练懂得自己所不知道的，也明白自己所不能理解的。解决方案需要内容和情境，而实施方案则依赖经验和专业知识。正因为如此，帮助他人深入思考问题往往比直接给他们行动的建议方案更有效。因此，我对教练工作本身没有任何成见；我只是清楚自己在这方面不够擅长。

这也许是因为，在工作过程中，我碰到过太多上了无数教练课程的老板，他们总爱问我："你觉得你应该怎么做？"他们会特别强调那个"你"字。我至今也没能琢磨出一种适合我的教练业务模式。毕竟，当你按提供的价值收费时，如果被你服务的人觉得自己并没有增加太多价值，那么你的谋生之路可就难了。而且，我更倾向于面对面的工作方式，尤其是一对一辅导，而这次吉隆坡旅程中，CEO提起的高管却远在世界的另一端，这无疑又增加了难度。

我确实乐于助人，尤其是对那些盛情款待我的客户，但这次我不觉得我是最佳人选。我告诉CEO，我能提供的最好帮助就是和他的同事进行一次对话。我会尽我所能，如果正如我所怀疑的，我能提供的帮助不多，那么至少我还能给出一个行动方案建议，或者推荐一位能提供更多帮助的同事。会面被安排在了当天晚些时候。

这次会面真是让人心情愉悦。那位高管是一个魅力四射的人物。他对他所投身的专业领域怀有满腔热情。他说话像连珠炮，带着那种只有充满激情的专家才有的澎湃活力。他渴望为组织的发展贡献力量，并且非常关心他的团队。但问题是，他觉得团队成员似乎并不理解他的用心。

他们认为他更看重成果而非他们个人，但他所关心的只是确保团队成员能够取得成功。他们告诉他，他不善于倾听，尽管他所做的一切都是出于他想为他们提供解决问题的答案。他们觉得他不懂得赞美，而他认为团队成员的薪酬就是对他们工作的最佳奖励，并且他一直在努力确保每个人都能得到丰厚的报酬。

面对这些误解，他更多的是感到困惑而非愤怒，并且他认为我会理解他，因为我在演讲中提到，真实性是领导力的核心。“你的话让我深有感触。因为坦白说，我只是在做真实的自己，我在保持我的真实性。”他当然是对的。我确实说过，真实性至关重要。

真实性之所以至关重要，是因为那些忠于自己价值观和信念的领导者赢得了信任。他们将思想转化为言语，将言语转化为行动，以一贯的正直和诚信激发信任。他们的热情和热忱不仅帮助他们在交易层面与他人建立了联系，更让他们与他人建立了情感链接。他们基于核心价值观作出决策，不被瞬息万变的时尚和外部压力所左右。真正的领导者由内心的价值观和信念驱动，而非出于对外界认可的渴望，这使得他们更加坚韧不拔。如果领导力是一种道德行为，那么真实性就是它的核心。

所以，没错，真实性极为重要。然而，正如我们的领导力案例所揭示的，真实性有时也被捧得过高。那些喜欢标榜“我做我自己，我够真实”的人，往往缺乏深刻的经验和实际成效。领导力的成功并不在于简单地做自己，而在于打磨出自己最精良的版本。

领导力是构建人际关系的艺术，它既关乎你，也与你无关。它关乎你，因为追随者寻求与你步调一致；它与你无关，因为是否选择与你同行，终究是追随者自己的决定。真实性若只是自我标榜，就容易陷入以自我为中心的误区。真正成就领导者风范的，是那份经过深思熟虑和有精湛技艺支撑的真实性。

我的对话伙伴似乎对“巧妙的真实性”这个观点不太感冒。他的看法是，一个人要么活得真实，要么活得不真实。在他看来，试图让真实性变得熟练，这本身就违背了真实性的定义。从某种角度来看，他的观点确实站得住脚：通常我们认为，真实性是一种与生俱来的特质，而非后天习得的技能。

真实性意味着忠于自我，意味着在思想、行为和与他人的交流中保持真诚和坦率。它要求我们诚实地面对自己的价值观、信念和情感，并且在表达时不伪装、不耍花招。但这并不意味你就不能像培养其他技能一样培养真实性。在生活的各个领域中，始终如一地展现真实性确实需要一定的技巧，**自我认知和深思自省是培养真实性的必由之路。**

我得说，我从未提倡过为了迎合外界的期望或遵守社会规范而背离自己的本真。真实性植根于你的个人价值观和诚信之中，它不仅仅是表面的行为，或者是后天学来的技能。我真正提倡的是，作为一名领导者，忠于自己意味着你的行为和你的初衷必须步调一致。如果做不到这一点，你所谓的真诚就只是空谈，你的领导力也就失去了应有的光彩。

就拿和我对话的这位高管来说吧。他真心实意地希望他的团队成员能够大放异彩，但团队成员似乎并不买账。他用心良苦地为他们提供解决问题的方案，但团队成员似乎视而不见。他努力确保每个人都能得到应有的回报，但团队成员似乎并不领情。这些人并不期望这位高管改变他自己深信不疑的、对于他而言非常适宜的价值观和信念。问题在于，他的行为并没有有效地传达出这些价值观和信念。他心里想的是“他们怎么就不明白呢”，但实际上，他们只是没读懂他这个人而已。

就像这位高管一样，想象一下，你正站在人生的舞台上，突然有人递给你一个剧本，希望你扮演一个和你完全不一样的角色。在你担心自己是不是得违背本性之前，先对自我来个灵魂拷问：我能胜任他们给我的角色吗？我真的想演这个角色吗？

这两个问题就像你的指南针，能够帮你分辨出你遇到的是技术难题、动力不足，还是价值观的冲突。如果你发现自己其实能演好这个角色，那就再深入一点，问问自己为什么还没开始表演。如果是技术问题，别担心，总有办法解决——虽然不容易，但绝对可行（而且这本书接下来的内容就是你的救星）。如果问题出在动力上，那就得掂量一下，改变带来的甜头是否值得你付出努力。如果觉得不值，那就得想办法让奖励看起来更诱人，或者让代价变得不那么沉重。如果你发现这招也不灵，那么，朋友，你可能碰到了一个触及灵魂的问题，即价值观的冲突。

要撼动那些根深蒂固的价值观，确实得下一番苦功夫，但别忘了，价值观本来就是可以调整的。想想看，我们不都在成长的路上不断地调整着自己的价值观吗？这就像我们的心智也跟着岁月一起成熟一样。这需要你拿出点儿决心来。你得好好想想，改变到底值不值得。如果你真心不想成为别人期望你成为的那种人，那么，你完全有理由去寻找一个新的舞台（而不是一个新的角色）来展现真正的自己。

我得说，当人们抱怨自己被迫放弃本真时，通常是因为他们的思路有问题。他们要么是拿这个当借口，因为他们懒得去改变，或者懒得去提升必要的技能；要么是忽视了别人的好意，以为别人不跟他们一样渴望成功、不认同他们的标准，或者不看重他们看重的东西。也许，他们只是对自己的影响力视而不见。

大多数时候，人们质疑的不是你做自己的能力，而是你的领导能力。实际上，很多领导者害怕成为真正的自己。他们宁愿模仿他们心目中的伟大领导者，也不愿意冒险成为一个更出色的自己。他们宁愿不真实，也不愿意去努力挖掘自己的真实潜力。

在吉隆坡，我并不是以教练的身份出现的，而是作为一个引导者，帮助这位高管深刻理解领导力中的真实性究竟意味着什么。对于他而言，这要求他更进一步，不仅要真诚地行动，还要在技巧上有所提升。他不仅要根据自己的价值观来指导行为，还要大胆地宣扬这些价值观。他需要清晰地表达自己的目标，而不只是盲目跟随直觉。

通过拥抱真诚与透明，他可以开启一扇通往开放沟通的大门，并激励团队成员积极提供反馈。当人们看到他在真心实意地努力满足他们的需求时，他们也会坦诚地指出他的不足之处。只要他愿意倾听并重视团队成员的想法和建议，他就能塑造出一个更加卓越的自我。

但这并不是说他就不需要教练的辅助。要想塑造一个更卓越的自我，他首先得搞懂，自己为何总是难以把握别人所珍视的东西，并且要努力去理解，这种差异的存在是合情合理的。他需要下功夫去培养那些能够真正与他人建立真诚联系的技能。这正是优秀教练能提供帮助的地方。他们能让你意识到，如果真实性缺乏对他人的关心和理解，就很容易滑向自恋的边缘。

会谈结束后，这位高管决定去寻找一位当地的教练。我则回到了酒店房间，继续和一群猴子玩耍。

好啦，我们已经聊了你想干什么、想成为什么样的人，还在这一章的尾声敲了敲黑板，强调了要有技巧地做自己。那么，现在，是时候翻开新的一页，去看看那些能让你成功的“秘籍”了。系好安全带，我们要开往成功之旅的下一站啦！

法则 5 的启示

不要把“我不过是在做自己”当成万能的挡箭牌。虽然忠于自己是让追随者相信你的言行的基础，但要想真正成功，你得成为那个最牛的自己，把技巧点加满。

在领导力的舞台上，真实性是块金字招牌。那些坚守价值观、信仰和原则的领导者，就像靠

谱的老朋友，让人信任、依赖。当领导者展现出他们的真实本色时，人们更乐意敞开心扉，这是构建坚固关系、激励团队超常发挥的关键。

但是，真实性不是成功的全部。你的行为得和你的初衷或者追随者的期望相匹配，这样的“做自己”才有意义。**如果你的行为并没有展现出你的价值观，那么可能是你的技巧或意愿出了问题。你得学会更清晰地表达你的意图，而不只是在行动上表现。**

如果你的“做自己”并不是追随者所期待的，那么可能是你站错了队，或者你所在的队伍本身就不对。我的经验告诉我，前者的可能性更大——虽然很多领导者可能不愿意接受这个事实。不管怎样，只有当你和你的队伍在同一条战线上时，成功才会向你招手。

如何成为卓越的领导者

想象一下，我们在街头偶遇。你停下脚步，拦住我询问：“能告诉我最近的面包店怎么走吗？”这个问题看似简单直接，但如果你翻阅了本书的目录，特别是了解了第十五条法则，你就会意识到，答案远非表面上那么直接。

既然我亲手撰写了这些法则，我自然应当遵循它们。因此，面对“你能帮我找到面包店吗”这样的问题，我能给出的唯一回答就是“这得视情况而定”。但这个“情况”究竟指的是什么呢？

它涉及许多未被提供的背景信息。这就像说“鸡已经可以吃了”，这句话的含义完全取决于我是站在农场里，手里提着一桶鸡饲料，还是站在厨房里，手里拿着一把切肉刀。

在面包房这个例子中，答案首先取决于我们的起点。指引你到几条街外的面包店，显然要比指引你去邻镇的面包店简单得多。此外，你选择的出行方式（步行、乘坐公共交通工具还是驾车）也会影响答案。同时，我是否比你更熟悉我们所在的区域，以及你对这片区域的了解程度，也是重要的考量因素。比如，如果我告诉你：“回到芬奇利路，穿过马路，看着就像要去艾维和玛塔的丹宁与橡木葡萄酒吧，然后你就会看到面包店就在那儿的两个门面之后。”如果你对周围环境有所了解的话，这些话在你看来就是有用的；但如果你对这里一无所知，那么这些话对你来说就毫无帮助了。

如果我真的想提供帮助，我可能还会补充一点：我的回答将取决于你究竟需要去面包店买什么。我们附近恰好有四家面包店，它们彼此之间相距非常近。有一家的三明治做得出奇好，但面包就略显平庸。如果你追求的是更优质的面包，那么你需要转去另一家，不过那里的油酥点心可能就没那么令人满意了。第三家店的烘焙食品更为出色，但若你的目标是生日蛋糕或精致的法式甜点，那么第四家店才是你的不二之选。

同时，我也在假设你需要的是方向指引，而非技术性的指导。也许你想知道驾车路线。又或许，你真正想知道的是如何乘坐公交车。谁知道呢，每个人的需求就像这些面包店一样，千差万别。

在众多的可能性面前，我们常常基于对各方利益的考虑而做出一些正确的假设。为了简化复杂的事物，也为了让我们的日常更加轻松，社会规范倾向于让我们提供一条通往我们自己认为最近的面包店的详细路线。虽然这可能不是最佳选择，但它足以应对当前的需求，并且确保你在下一次需要帮助时，不会避开我。

同样，领导力的发展也遵循这样的逻辑。当有人问我“如何才能成功地领导”时，我通常会给出一系列的步骤作为指导。但正如我在法则1中所强调的，我对你一无所知。我没有足够的信息来了解你的具体需求，例如你的起点在哪里，你对这片领域的熟悉程度如何，以及你此行的目的是什么。在缺乏这些关键信息的情况下，我必须选择一个假设性的目的地。我不确定你是需要一张地图，还是需要学习如何解读地图。

为了迎合社交礼仪和追求便捷，领导力发展领域的专家们和作家们往往会基于自己的假设，为你指明一条通往他们心目中的理想之地的路径。这就像给你指路去最近的面包店，虽然这样的指引可能不是最完美的，但却简单易懂，足以让人满意。他们这样做，也是为了确保你下次遇到难题时，不会将他们视为避之不及的对象。如果他们的回答既专业又得体，你甚至可能会期待未来能再次向他们请教。

但是，用“指路”来比喻领导力的发展，其实暴露了一个问题。虽然这个比喻可能透露了我的年代感，但我选择它正是为了凸显我们领导力发展策略的陈旧。在今天，没有人会停下脚步向陌生人问路。这并不是因为我们的社会变得冷漠，而是因为我们的技术已经无处不在。当你可以直接向手机求助时，何必还要去打扰陌生人呢?

我们的技术已经如此发达，以至于对任何数字助手来说，“带我去最近的面包店”都不过是小菜一碟。我在之前提到的“把螺丝排列整齐”法则中谈到了我在谷歌的演讲。但我没有告诉你的是，当我告诉儿子我被邀请去演讲时，他的反应是：“如果他们想知道你要说什么，为什么不直接谷歌一下呢？”

如果你想结交新朋友，向陌生人问路是个不错的开始，但为什么要满足于某个人对最近面包店的推荐，而不是求助于一个由数百颗卫星导航、有数百条评论支持的智能GPS？它还能根据当前的交通状况为你提供最快的路线呢！

我们还没有一套成功的导航系统来指引我们走向成功，所以我们不得不通过阅读书籍和文章、观看视频来向数百名陌生人求助，他们每个人都有自己的偏见、观点和指引。然而，有一种方法可以帮你构建自己的领导力GPS（全球定位系统），来回答这个关键问题："我如何才能成功地领导？"

这就是下一节要介绍的内容。在接下来的章节里，我不会给你一堆走向成功的技巧和工具——这些内容在市场上已经应有尽有了。相反，我要给你的是一个领导力GPS，它就像你的个人导航仪，帮你确定你现在的坐标，以及你应该聚焦的方向，以便你能够规划出通往梦想之地的路线。这些法则将帮助你了解前进路线上的地形情况，它们将引导你理解自己的内驱力，以及如何激发他人的内驱力。它们将向你展示成功之路上那些不容错过的标志性景点。它们将教会你如何提出关键问题，做出明智选择，最终走向成功。

法则 6

不过分夸大共情

瑞士苏黎世

我们身处瑞士，却仿佛置身于世界的任何角落。来自全球各地的代表们齐聚一堂，轻松地对话交流。我的身旁都是来自金融界的精英，但我与其他行业的代表交流也毫无违和感。这场对话虽然发生在2022年，给人感觉却像是穿越回了2002年，讨论的主题与我多年来参与的无数讨论如出一辙。

就像在讨论员工参与度（这也是我在活动中演讲的主题）时经常发生的那样，有人提出了“黄金法则”。他说：“这并不难理解。你只需要以自己希望被对待的方式去对待别人。”对这个法则，在场的每个人都心领神会——几乎所有国家都有类似的黄金法则①。

① 黄金法则（Golden Rule）是一种道德原则，它要求人们以自己希望被对待的方式去对待他人。这个原则在不同的文化和宗教中有着不同的表述形式，但其核心思想是一致的，即“己所不欲，勿施于人”。

然而，让我没想到的是，另一位代表迅速接话："那你最好希望你的老板不是个受虐狂！"这正是我准备的笑话。多年来，我一直用它来逗乐，甚至一直以为这是我独创的。更糟糕的是，他讲这个笑话时得到的笑声比我讲时得到的还要多。我感到有些失落。我意识到，我在表达风格上可能并没有自己想象的那么独一无二，但我不会因此而沮丧。听到这个笑话，那位黄金法则的支持者并没有感觉受到冒犯，他以轻松的态度接受了它，并报以开怀大笑。但他确实想要进一步阐明他的观点。

"我的意思是，我希望被当作一个独立的个体来对待。我期盼他人能够认识并尊重真实的我，同样，我也愿意真诚地对待他们。说到底，我真正想讨论的是共情。如果我们能够共情，我们就能真正地参与其中。"

我要讲的笑话已经被人抢先一步讲了，我不打算再让我接下来要讲的法则被抢走。他话音刚落，我就抓住了机会："那么，让我们来聊聊共情吧。我为领导者准备了一条法则：不要过分夸大共情。"这便是我们的第六条法则。

我当然理解黄金法则的精髓。在良好的社交互动中，它无疑是一条金科玉律，即便有时显得自我本位，互惠原则依旧是人际关系中的坚实基础。然而，对于领导者而言，以他们自己希望被对待的方式去对待他人却可能引发问题。毕竟，领导者并非全人类的典型代表。他们的职位本身就注定了他们的与众不同。如果他们与普通大众无异，那么他们也不会获得任命。因此，对于那些与你截然不同的人，用你希望被对待的方式来对待他们，并不是最佳选择。

所以，这位代表从以自我为中心对黄金法则进行解读转变为通过共情来理解他人的新视角，我本应对此感到钦佩，但共情这个话题让我有些头疼。正如在遵循黄金法则时，我们希望老板不是受虐狂一样，在讨论共情时，我们也得提防那些施虐狂。

你看，与历史悠久的老前辈——同情心相比，共情是一个相对较新的概念。简单来说，同情心可以被定义为与他人产生情感共鸣，而共情则是理解他人的感受，却不一定与之产生共鸣。因此，有人可能表面上共情你，实际上却利用对你感受的理解来造成伤害。按照定义，共情并不能保证员工积极的参与。

无数的学术研究已经深入探讨了共情的负面效应，尤其是它会如何引导我们走向糟糕的决策。例如，一项研究表明，当人们听闻一个小女孩迫切需要生命救治，他们几乎都会不假思索地认为应该优先为她提供治疗。这似乎是理所当然的——我们都能轻易地感同身受。然而，他们却忽略了这种优先权实际上意味着牺牲其他人的利益，甚至可能危及其他人的生命。与那些我们未曾谋面的小女孩相比，我们更容易对我们所知道的小女孩产生共鸣，并倾向于给予她更多的关注。

如果你认为这更多是视角的问题（人们需要了解所有其他小女孩的情况），而非共情问题，那你可能会大跌眼镜。在冲突情境中进行的研究表明，共情实际上是导致我们的观点两极分化的机制。一旦我们选择了立场，我们就会吸收并承担起这一方的情绪，这一选择的结果就是我们对这一方的支持变得更加坚定不移，甚至走向极端。一旦我们选定了想要帮助的小女孩，就很难再对其他小女孩产生共情。

这又回到了我们在上一条法则中讨论的真实性问题。当我们将“做自己”与“感觉像你”混为一谈时，我们最终得到的将是一个狭隘的世界观和一个不断强化这种观点的小团体。我们的目标变成了确保他人感受到我们认为他们应该感受到的情感，并在他们没有感受到那种情感时排斥他们。这显然不是促进参与的好方法。

即便我们不去深究共情的负面效应，仅仅理解他人的感受也并不能揭示他们为何会有这样的情绪。比如，你理智上意识到我很生气。这确实透露了我心理状态的某些信息，但并未说明这种状态的根源。我可能同样会因为你我所处的环境，或者因为我刚刚回想起孩子们昨晚的行为而感到愤怒。如果你不了解引发这种感受的真正原因，就无法改变它。共情所带来的理解可能至关重要，但它绝不是参与的充分条件。

当然，同情（情感的共鸣）对于领导者来说，实际上也没有太大助益。虽然与他人情感上的一致性帮助我们超越了共情可能带来的智力上的疏离，但它并非没有缺陷。

设想一下，在危机中作为领导者会面对的情形。大楼里发生了火灾，你看到周围的人陷入痛苦。接下来会发生什么？好吧，如果你以同情心回应，开始感到深深的痛苦，那么答案是：什么也不会发生。而“什么也不会发生”绝对不是你的追随者期望从你这里得到的。同情使你能够与追随者在情感上建立联系，但这还不够。单靠同情也无法促进有效的参与。

那么，既然我们天生就具备同情和共情的能力，无法忽视它们，我们该如何妥善处理它们呢？我们该如何有效利用它们呢？这些问题的答案在于理解追随者对他们的领导者有什么期望。

人们在领导者身上寻找的第一重需求是“他能理解我吗”。他能理解我的感觉吗？他能理解我的欲望吗？他能说我所说的语言，或者至少能理解它吗？他不必像我一样，也不必喜欢我，但他真的会花时间和我一起坐坐吗？

这就是那个被记者们深爱的“我会和那个人一起喝啤酒吗”的问题，他们用这个问题来说明某个政治人物的吸引力（因此忽略了所有不喝酒的选民的观点）。从这个角度来看，共情和同情似乎是有帮助的。

然而，人们在领导者身上寻找的第二重需求，远远超过仅仅理解他们的感受，而领导者的同情心和共情力并不能满足追随者这一更深层次的需求——他们期待领导者能够针对这些感受采取行动。他们的疑问从“他能理解我吗”变成了“他会伸出援手吗”。人们不单单希望领导者能够理解甚至共鸣他们的苦楚，他们更期待领导者能主动出击，采取实质性行动来解决他们的困难，帮助他们成为更好的自己。他们期望领导者能将共情与同情转化为实实在在的支持行动。

这正是我在回应那位探讨共情的代表时，说出“不过分夸大共情”的原因。那样的说法显得过于轻率和冷漠，我的回答要更加深思熟虑。我阐明，**在领导力的范畴内，我们不应该仅仅讨论共情，而应该更多地谈谈慈悲。**这差别看似微妙，在提高员工参与度方面却是至关重要的。

在领导力，尤其是商业领域中，慈悲常常被看作“优柔寡断”。它给人一种温吞感，甚至显得有些卑微。我们往往会认为，表现出慈悲的人是在追求自我满足，而需要慈悲的人则是因为太过脆弱，无法自我救赎。慈悲有时被视为一种过时的品质，虽然值得称赞，但是带着些许浪漫和诗意的色彩，这些形容词似乎与商业领域的硬朗语汇格格不入。

正是这种基于“缺憾”的慈悲观——将慈悲的人与追求自我满足的人混为一谈，让慈悲显得软弱甚至有损形象。然而，**慈悲实际上是提升员工参与度的秘密武器，也是领导成功的钥匙。**

追溯到因金字塔理论而声名远播的马斯洛，他的研究强调了成功领导者共有的一系列特质。在马斯洛探究那些他称之为“巅峰体验者”的人物，比如亚伯拉罕·林肯、托马斯·杰斐逊、阿尔伯特·爱因斯坦、安娜·埃莉诺·罗斯福、巴鲁赫·斯宾诺莎和奥尔德斯·赫胥黎时，他发现了两个特别能驱动参与度的关键特征。

首先，这些领导者都是他所说的“以现实为中心”而非“以自我为中心”的人。他们能够清晰地区分现实和他们自己的假设。其次，他们是“以问题为中心”的人，他们对解决方案有着无尽的渴望。这两个要素不仅为我们所寻求的领导者特质提供了完美的总结，也给我们提供了对于慈悲的完美定义。

慈悲是积极的共情。它从不满足于现状，而是勇于挑战环境，寻找解决追随者所处困境的方法（以现实和问题为导向）。正是慈悲让领导者通过展示与追随者共同的价值观来赢得追随者的参与。

慈悲的真正妙处在于，它融合了共情的力量（理解他人的感受）和同情的温暖（体验他人的困境），同时又巧妙地避开了操纵的泥潭（利用他人的情感谋一己之私）和过度投入的陷阱（深陷其中以至于无法自拔）。慈悲意味着感知他人的痛苦，并且迫切希望采取行动去解决这些痛苦。

这就是为何这一法则能成为我们“如何”部分的开篇。

它赋予我们能力，为我们的领导力GPS绘制出了一幅地形图。慈悲让我们能够洞悉现实，找到目标。缺少了它，我们就无法激发出自发的努力。

为了培养慈悲心，领导者可以遵循四个步骤。首先是深入了解观察到的现实——也就是说，了解你真正看到的是什么。领导者需要在自己的团队中充当一名人类学家，他们需要真诚地倾听（倾听的目的是理解，而不仅仅是回应），并且真正地观察（观察是为了洞察，而不仅仅是为了看到）他们周围发生的一切（我们稍后将在第九条法则中再次探讨这一点）。没有倾听，我们就无法触及我们想要改变的现实。没有观察，我们可能会错误地改变事物。

培养慈悲心的第二步是验证行为表现出的本质——也就是说，确认我们所认为的是否就是事实。探究自己对他人感受的理解并非易事。最佳的起点是基于数据进行对话。比如，你可以这样表达："当你说……的时候，我认为你的意思是……不知我的理解是否正确。"更进一步的方法是：先分享自己的感受，再以此为桥梁去理解他人的感受。可以从"当你说X，我感到Y"这样的句式开始。这类对话虽然不易，但越是具体，就越能给人以安全感。

培养慈悲心的第三步是探究你所观察到的行为的根源——这些行为究竟源自何处。当然，直接向当事人求证似乎是最直接的方式，但鉴于他们可能自己也不清楚自己的感受从何而来，这一策略并不总是有效。更好的办法是进行非侵入性的对话，即让对方可以自由选择是否参与的对话。像“你还好吗？”这样的提问就太过笼统，我们通常会不假思索地回答“还好”。试着更具体一些，比如“我注意到你对此很焦虑，有什么特别困扰你的事情吗？”将感受具体化就能改变对话的基调，而提出开放式问题则强调了你提供帮助的意愿，而非仅仅追求一个解释。

培养慈悲心的第四步，即最后一步是付诸行动。这又让我们回到了本章开头提到的黄金法则。它的优势在于它以行动为导向。无论是“以自己希望被对待的方式去对待别人”，还是“己所不欲，勿施于人”，都是以主动的行为为开端的。

慈悲如果被视为行动的化身，那么我们对它的界定也应当以一个积极的动作作为开端。慈悲的真谛在于，用他人所期待的方式去对待他们，帮助他们走出当前的情绪困境，让他们迈向最美好的状态。无论你的上司是施虐狂还是受虐狂，这样的慈悲都将成为他们高效领导的秘诀！

尽管如此，一个核心问题依旧悬而未决：我们该如何确定追随者愿意与我们携手同行，共同开启这段旅程呢？这时，就轮到我们的下一条法则登场了。

法则 6 的启示

理解人们的处境是开启领导之旅的关键。懂得如何妥善应对他人的情绪，是提升参与度的根本。这也正是众多领导如此强调共情的原因。

同情，是感受他人的感受，而共情，则是对他人情感的深刻理解，它不等同于你对这些感受的认同或重视。同情可能让人陷入无力，因为它可能使你和追随者一同沉溺于消极情绪之中。共情，若不加以深思，也可能导致你要么不采取行动，因为你没有认识到根本问题；要么采取错误的行动，因为你试图利用他人的感受。

而将同情与共情升华为慈悲，才是提升参与度的关键。慈悲，是对他人情感的深刻理解与情感共鸣，它伴随着一种愿意为了改善现状而努力的承诺。唯有慈悲，能让领导者汇聚起团队的力量，并引导团队成员朝着目标前进。没有慈悲，领导者就难以激发团队成员的自主型努力。

法则 7

唯有死亡能让人丧失动力

美国纽约

或许这是我个人的怪癖，但每次在到达机场护照检查柜台时，我总是不由得紧张起来。

我明白自己没有触犯任何法律，我知道自己没有撒谎，我确信自己没有帮别人携带任何非法物品，我的证件齐全，一切合规合法。尽管如此，无一例外地，每次过安检时，我总是感到一丝不安。这种不安会让我更加紧张，因为我害怕检查人员会将我的紧张误解为心虚。而每当我踏入美国，这种紧张感总会加剧。美国的机场和边境官员总给人一种威严的感觉。

不过，有一年春天，在我到达肯尼迪机场时，我第一次（也是至今仅有的一次）没有感到紧张，因为我遇到了一位有幽默感的美国边境官员。他的幽默感或许有点冷，但至少他有。

当时我正前往联合国总部参加一个会议。按照与联合国合作的惯例，我的联系人给了我一封laissez-passer（通行证）——一种官方文件，旨在帮助你进入那些不太欢迎你的国家。

由于我持法国护照前往美国，我本以为入境时用不上它，便把它夹在护照里，随后就忘得一干二净了。然而，2003年3月时的美法关系并不友好。当时的法国外交部部长多米尼克·德·维尔潘（Dominique de Villepin）在联合国发表了一场充满激情的演讲，反对美国入侵伊拉克。因此，法国被视为一个反对美国及其盟友的国家。可见，当时的法美关系远谈不上友好。

法国薯条被迫更名为“自由薯条”。French's芥末酱的制造商不得不发表声明称“French's芥末酱唯一和法国有关的就是名字”，以避免遭到数百万美国人的抵制。这真是讽刺，因为如果美国人真的抵制了，他们在饮食习惯上就会更接近法国人——特别是像我这样在第戎出生的人，几十年来一直避免使用这种口味奇特的调味品。

走近柜台时，我注意到那位边境官员用一种似笑非笑的表情看着我的法国护照，那份联合国的文件掉了出来，他不出所料地打开文件并浏览了起来。他嘴角微微上扬，露出一丝微笑，说出了那句令我永生难忘的话：“让我理一下，你是法国人，在联合国工作。今天，你真的指望我能放你进去吗？”

可能是我那副无辜的表情让他笑出了声。我也放松了下来，他接着问了一些常规问题。当他问到我的工作时，我回答说："我是一名领导力发展顾问，日常工作包括举办研讨会和发表演讲。"他似乎颇为赞赏："哦，所以你是个励志演说家。"这一幕，正是我后来总结出的第七条法则：唯有死亡能让人丧失动力。

我曾多次被称为励志演说家。我并不讨厌这个称呼（这不是我被叫过的最糟糕的称呼），但我不能说自己特别喜欢它。想到我去给别人讲几句话就能激发他们的动力，这已经够奇怪的了。更别提把动力外包给一个演讲者，这种想法简直是迷惑至极。给个小建议：如果你发现自己需要请个演讲者来提振团队士气，那你可真就遇到大问题了——一个演讲者解决不了的大问题。显然，你对人类动力的理解有误。不过，这也不能完全怪你。

动力这个话题复杂得很，每个领导者都会把这个话题挂在嘴边，却鲜有人深入研究。毕竟，有超过20种不同的理论试图解释我们行为背后的动机，这也不是他们的错。他们和我之间唯一的区别在于，我有时间深入研究，因为这是我的工作。所以，虽然我不会在这里一一总结这些理论来浪费你的时间，但我会告诉你它们之间的共同点，以及所有你为了成功需要知道的事。

首先，所有理论都毫无例外地认同一点：我们都有动力。没错，正如我的一位导师曾告诉过我："如果你发现某个人缺乏动力，那就先检查一下他是否还有呼吸。"我之所以对自己被称为励志演说家感到困扰，是因为这似乎意味着我的听众需要激励，但事实并非如此，我们每个人都有动力。正如第七条法则所说，唯有死亡能让人丧失动力。我们都有驱动自己前进的东西。至于这东西是否符合他人的期望则是另一回事，这就是"动力误解"的根源。

领导者往往错误地认为自己的使命是激励团队，因此他们对共情情有独钟，试图深入理解团队成员的感受。但实际上，真相更加简单直接，而且执行起来容易得多，不需要我们变成心理学专家。正如我在第二条法则中提到的，我们的任务不是去激发他人的积极性，而是去营造一个环境，让他们能够自发地贡献自己的力量。在激发动力这件事上，道理也是一样的。

我们的任务并不是去点燃人们的动力之火——他们内心本就有这样一把火。我们的任务是引导这股动力，使其朝着实现我们的共同目标的方向前进。因此，我们所需要的不是共情，而是慈悲。我们需要有意愿，并且有能力去创造条件，让人们能够积极参与。我们不必去操控他们，我们只需要巧妙地调整环境。毕竟，作为领导者，我们手中握有塑造工作环境和文化的杠杆，这比操控人心要简单得多。

所有动机理论都认同的第二点是，我们的动机分为外在和内在两种。顾名思义，外在动机源自外部因素，比如奖励和惩罚；而内在动机则源自内心，比如行为本身就是一种奖赏。我们的行为往往受到这两种动机的共同影响。

我们可能会误以为内在动机比外在动机更加珍贵。我们可能会想当然地认为，自发的努力完全是由内在动机驱动的。但我们必须记住，行为是这两种动机复杂交织的结果。比如，当公司的使命强烈到足以引起员工共鸣时，他们的表现会最为出色。但同时我们也要意识到，一旦工资停发，他们的动力也会戛然而止。

同样，我们在利用外在动机时也要谨慎，因为它可能会削弱内在动机。一个人可能因为喜欢某件事而将其变成职业，但很快又会发现，将爱好变成工作会让它失去原有的乐趣，这种情况并不罕见。

这里的教训是，当我们创造条件以释放自发的努力时，内在和外在的驱动因素都需要被考虑进去。作为领导者，我们不能忽视任何一方。过度依赖外在激励可能会损害内在动机。然而，完全不使用外在激励，可能会让某些人错失发现他们本不参与的活动具有何种内在价值的机会。

第三点，也是最重要的一点，所有动机理论都认同，行为并不总是动机的可靠指标。想象一下，你看到我正在演讲，我看起来乐在其中，假设你判断我表现得很出色，你可能会得出我充满动力的结论。但问题是，到底是什么在驱动我？答案你并不知道！

也许我之所以有动力去演讲，是因为我喜欢站在舞台上，享受众人的仰望，这让我感到自己很重要，满足了我的虚荣心。也许我只是喜欢分享想法，我从帮助他人成长中获得成就感。也许我只是喜欢被人喜欢，我从人们的笑声中获得能量。也许是因为我知道我会因为演讲得到报酬，这让我能够做更多我真正喜欢的事情。或者，也许我根本没有动力，只是擅长伪装。

可以说，如果你已经提前邀请我去发表演讲，或者你正坐在观众席上听我的演讲，我的动机究竟是什么其实并不重要——只要我能带来一场精彩的演讲就好。

这恰恰揭示了一个问题：我们的行为并不总是我们动机的准确反映。通常，只有在一个人表现不佳时，我们才开始探究其行为背后的动机。你不会关心我有什么动机，除非我的演讲糟糕透顶。但如果我们只在看到不满意的结果时才开始关注人们的需求，那我们总是会反应太慢。无论是在高绩效还是低绩效的环境中，营造正确的动机环境都是至关重要的。

这三个普遍共性帮助我们明确了自己的角色。领导者的任务不是去创造动机，而是去创造条件，让人们能够将自己的行动导向一个共同的目标（第一个共性）。为了成功，我们必须理解外在激励如何影响内在动力（第二个共性），并且不能简单地将我们看到的行为视为我们所寻求的动机的直接体现（第三个共性）。

如果动机理论中的这些共性帮助我们定义了自己的角色，那么它们如何帮助我们履行这一角色呢？我在本章伊始便承诺，将向你透露成功的所有秘诀。这秘诀可以用三个词来概括：选择（choice）、社群（community）、能力（competence）。只要你铭记这三个“C”，并理解这些共性如何塑造它们，你就能成功地激励人们，让他们在工作中展现其动机。

让我们先从“选择”谈起。只有当人们能够自由地做自己时，他们才能得到内在激励。人们必须拥有选择自己行为方式的自由。只有当人们拥有自主权时，他们才会真正投入。试图通过严苛的目标、紧迫的截止日期和奖惩制度来控制员工，往往更可能削弱而非增强他们的内在动机。当人们的选择受到限制时，他们的动机就会受阻，他们的行为也会因此变得不尽如人意。

当你给某人贴上“没动力”的标签时，这多半是因为他们行动的自由被剥夺了。**要激发员工的内在动力，领导者得像导演一样，清晰地描绘出剧本的高潮（明确目标和达到目标的标准），然后放手让演员们（员工）自由发挥。**

当人们拥有选择的自由时，往往能激发出其最强大的内在动力。然而，这并不是说人们只需要关注个人的小世界。

这就是社群的魅力所在。人们在与比自己的个人事务更宏大的事业或目标联系在一起时，往往能够激发出其最深刻的动力和激情。

人们渴望与他人交流、连接，这种渴望塑造了他们的自我价值感，推动他们成长。如果缺乏一个支持性的环境，不满和破坏性行为就会悄然滋生。在实际工作中，这些行为可能是控制型的（比如权力斗争和自我膨胀），也可能是逃避型的（比如孤军奋战）。

为了保持团队动力的火苗长燃不熄，领导者必须在团队中培养出深厚的社群归属感。领导者需要确保那些旨在激发个人责任感的外在激励措施，不会削弱团队的团结和协作。正如在提供选择时需要设定清晰的目标一样，建立社群感也需要我们将个人目标置于更广阔的使命背景之中，让每个人都能感受到自己是更大愿景的一部分。

深入讨论了选择和社群的重要性之后，我们就能认识到激发内在动力的第三个核心要素是“能力”。作为选择和社群的自然延伸，能力象征着一种高超的技能，这种技能赋予我们力量，使我们能够对周围世界产生积极的影响。

选择关乎我们如何灵活运用各种手段，即便目标尚未完全明确；能力则关乎我们如何掌握这些手段，以确保我们能够高效地达成目标。社群强调我们如何融入并成为这个环境的一部分，从而获得成长和滋养；而能力则着眼于我们如何为这个环境作出有意义的贡献。

在所有要素中，能力似乎是最容易评判的。我们总爱用尺子量一量，看看别人到底有几把刷子。然而，这也是为什么动机理论中的第三个共性——行为并不总是动机的准确反映显得尤为重要。所以，如果有人成果不佳，可别急着下结论说他们缺乏上进心。可能他们只是暂时还没找到展示自己才华的驱动力。

能力，归根结底是关于本领的。我有一位导师，他总爱说："你费尽心思教火鸡上树，不如直接请只松鼠来，这样做既经济又高效。"但真正的要点在于，我们得明白，不是所有上树失败的都是火鸡，上树失败的也可能是那些灵感枯竭的松鼠。

能力所渴求的，绝非简单的反馈——纵观古今，有多少人会因为一句"来我办公室，我想给你一些反馈"而心潮澎湃？能力需要的是被关注。人们渴望的，是因他们本色的自我而获得的认可，是因他们追求的梦想被理解而产生的共鸣。作为领导者，我们应当坚信：每位踏进办公室的人，都怀揣着全力以赴的决心。如果他们尽了最大努力，成果仍显不足，那么，我们的任务就是找到提升他们能力的方法，同时要深知，对于成长与提升，他们或许比我们更加迫切。

总的来说，选择、社群和能力这三大支柱共同构建了一个平台，让我们能够巧妙地调整生活中的每一颗螺丝钉。它们像三个强大的支点，通过减少外部激励对内在动力的负面影响，为内在动力的释放营造了良好的氛围。**领导者的使命是营造一个滋养个体的环境，赋予他们做出正确选择、提升个人能力的力量。领导者并不能操控或诱发动机，而要通过提供关注和支持，为动机的自然展现和茁壮成长创造适宜的气候。**

肯尼迪机场的那位边境官员或许幽默感十足，但这份风趣并不意味着他对工作有任何马虎。恰恰相反，他的幽默能更有效地让我放松下来，因此在他提问时，我的回答也更自然，戒备也更少。他被赋予了按自己风格行事的自由，这样的自由让他在工作中表现得更加得心应手。但最关键的是，他似乎并不需要依靠威胁恐吓来施加影响。这恰恰强调了，**领导者在影响他人行为时，重要的不仅是他人的动机，领导者自己的动机也很重要。**这正是我们接下来要探讨的法则。

法则 7 的启示

动机是复杂的，但法则7告诉我们，激发动机并非我们的任务。

身为领导者，我们首先要洞察到每个人的内心都藏有动力的种子。我们的成就，取决于能否营造一个环境，促使人们释放这种内在的动力，共同追求我们的目标。

要做到这一点，我们需要聚焦三个关键的杠杆。一是选择，这意味着在追求清晰界定的目标和遵循既定标准的过程中，赋予人们自主权，让他们能尽情展现自我。二是社群，这意味着要构建一种超越个人、让每个人都能感受到归属感的共同愿景。三是能力，这意味着要让人们看到成长的可能性，并让其在成长的道路上感受到坚实的支持。

法则 8

赋能提升

中国香港

往往是那些最不引人注目的人，最终会散发出最灿烂的光芒。

半岛酒店雄踞于维多利亚港之滨，傲视香港岛，自1928年开业以来，一直是九龙的标志性建筑。其宏伟的外观，以及由两尊巨大石狮守护的庄严大门，无不彰显着它的非凡气势。酒店门前那一排排绿色的劳斯莱斯汽车，更是让人印象深刻。在香港，酒店迷们可能会为哪家酒店的位置最佳而争论不休，而对于半岛酒店的服务，却无人不竖起大拇指。

我来香港是为了主持一场为高管客户团队准备的研讨会。半岛酒店将成为我们未来三天的大本营。这家公司的业务正在蓬勃发展。清晨，我巡视了会议室，确保一切准备就绪。多年来，这样的巡视已成为我的一种仪式，帮助我将心中的杂念一扫而空，全心投入即将到来的工作。研讨会那天，我必须全力以赴。我们的研讨会设在酒店的最高层，想要不被那迷人的全景视野抢夺注意力，无疑是一项挑战。

酒店的活动经理急切地确保我所需的一切都已准备就绪。但有一个小细节引起了我的注意：房间里竟然没有垃圾桶。虽然我并不邋遢，但考虑到我工作中常用到翻页挂图和便利贴，有个垃圾桶总是件好事。对于我的问题，经理显得有些惊讶，但她微笑着回答："先生，有了杰夫，您还何必需要垃圾桶呢？"这时我才意识到，那位一直默默站在她身边的男士并非仅仅是协助她检查工作，也将是我们这一周的专属服务员。他的职责之一，就是随时清理我们可能产生的任何垃圾。

杰夫的确是一个令人愉悦、风趣幽默且效率极高的人。看着他手拿烟灰缸，紧跟在抽烟休息的代表们身后，随时准备接住任何飘落的烟灰，真是一道风景。杰夫就像是一部豪华酒店礼仪的活字典，他甚至能在我想到之前就知道我需要什么。

我之所以记得那天早上与客户共进早餐时的谈话，全因他的缘故。并不是说我们的谈话内容乏味，也不是说我对那天的谈话不感兴趣。而是因为我已经进行过太多类似的对话，而且之后也重复了无数次，这些对话的细节我原本可能会轻易忘记。正是杰夫与我们讨论的内容之间存在鲜明对比，最终在我心中凝练成了一个新的法则。

我与我的客户相识已久。我们第一次见面是在我主持的一个领导力发展研讨会上。他当时是我指导课程中的一名中层经理。从那时起，他的职业生涯就一直星光熠熠。如今，我还在主持研讨会，而他却在管理整个业务。他的生活与杰夫的生活形成了鲜明的对比，但他看起来并不开心。我问他近况如何。

“坦白说，我已经受够了。我曾经喜欢那种忙碌的感觉，做事，推销产品，全身心投入。现在，我的生活全是烦琐的行政事务。一个会议接着一个会议，谈话，聊天，还有更多的会议。全是些空洞的废话。我觉得我好像什么都没做。”

一个收入如此之高还看似游刃有余的人竟然如此不快乐，我不确定杰夫会如何看待他！然而，我完全理解他的感受，我很高兴他有这种感觉，因为至少他意识到了任何想要领导他人的人面临的巨大陷阱。这个陷阱正是法则8“赋能提升”能够帮助他避免的。

我见过太多这样的情况，我相信你也是。最优秀的销售员变成了最糟糕的销售总监。最优秀的财务人员变成了最糟糕的财务总监。任何领域最优秀的人都会变成该领域最糟糕的领导者。让我解释一下原因，就像我在香港解释给我的客户那样，然后我再告诉你如何避免落入我的客户所面临的陷阱。

你大概还记得，在法则2里我曾说过："与其他生活领域不同，在职场上，下级领导者是由上级领导者任命的，并非由追随者选出。"这正是一切解释的起点，也是问题的根源。那么，领导者为何要提拔他人呢？简短的回答是，因为他们注意到了这些人。他们为何能注意到这些人？因为这些人在自己的专业领域内做得最出色。不论是在公共部门、私人部门还是在第三部门，他们之所以能脱颖而出，是因为他们总能以更优、更快、更智能、更节省的方式完成任务。他们之所以能被看到，是因为他们拿出了实实在在的成果。

我们做得越多，取得的成果也就越多，进步也就越大。我们因行动而获得回报，因成果而获得晋升。我们取得的成就越多，我们的成功也就越显著。我的客户在他的工作上表现得非常出色。他是公司历史上，甚至可能是有史以来最优秀的销售人员之一。他如此优秀，以至于受到提拔去管理一个销售团队，而这个团队也由同样拥有抱负和能力的人组成。

他继续深耕自己擅长的领域。他一丝不苟地对待管理工作，勤奋努力，全身心投入，成功拿下几笔大单。团队成员对他敬佩有加，他成了他们心中的楷模，他毫不吝惜地向他们传授自己的经验，他们从他那里学到了真本事。他因为成绩斐然，再次进入了高层的视野。短短几年内，他就以前所未有的速度从领导一个销售小组跃升为统管整个销售部门。

在这个关键时刻，本应有人向他发出警告，指出有陷阱正在暗中等待着他，这个陷阱不仅会剥夺他在工作中的乐趣，还会严重阻碍他职业生涯的发展。他浑然不觉，但这已是他最后一次避免落入这类陷阱的机会了。他正站在最后一次能够胜任的晋升边缘，之后他必须做出翻天覆地的改变。他正不可避免地走向一个临界点，在那里，他做得越多，实际成效就越少。但没人愿意向他揭露这一真相。他之所以被提拔，是因为他的销售才华，然而他的新角色却与销售无关。

但他和他的上司并不这么认为。他们觉得领导力不过是在销售职责上增加的一项责任，而非一项独立的责任。于是，我的客户继续做他擅长的事——销售。现在，他为整个团队做销售工作。别忘了，他是顶尖的销售员。他现在成了关键人物，接手了关键客户，更深入地融入了团队。

他工作得更久、更努力，也取得了更多成就。他的员工视他为杰出的领导者。在这个阶段，他尚能勉强应对。他不仅要达成自己的目标，还要帮助他人达成目标，他觉得这很辛苦，但他做到了。他的上司看在眼里，于是再次提拔了他。就在这时，陷阱变得不可避免。

我的客户现在掌管整个领域，市场营销、销售、产品交付、财务统统归他管。事务繁多，他不可能再对所有的事亲力亲为了。但他还是尝试这样做了，这就是为什么他将会议视为干扰，将讨论视为政治斗争。他有太多的事情要做，时间却太少。他必须掌控一切。他已经落入了陷阱。

他试图从顶尖销售人员变身为市场营销、销售、产品交付和财务的全能手。他认为，威信意味着在所有领域都做到最好，而在所有领域都做到最好才是成为最佳领导者的关键。我见过太多这样的案例，以至于我将案例中人们所经历的阶段称为“FACE FACT阶段”——高管从快速（fast）、雄心勃勃（ambitious）、理智（cerebral）、投入（engaged）转变为快速（fast）、雄心勃勃（ambitious）、理智（cerebral）但疲惫（tired）的阶段。

他错误地将自己的成就感缺失归咎于能力不足，而没有意识到其实是自己将精力放错了地方。他曾经认为，让自己显得可靠（在某些领域做到最好的能力）是通往成功的关键（帮助他人做到最好的能力）。他深入细节，以至于不只是做了自己的工作，更试图包揽其他所有人的工作，却忽视了自己工作的本质。

在吃早餐时，我告诉他他需要激发自己的力量。我向他阐述了组织心理学家讨论的两种重要的职业发展动力，我称之为个人成就（达成个人目标）和以人为本的影响力（影响和激励他人）。成功的真谛在于，我们要认识到，尽管我们需要兼备个人成就和集体影响力，但随着角色的更换，它们的比重会相应地调整。

在你职业生涯的早期阶段，那些个人成就为你赢得了赞誉。你必须证明你的能力，才能继续前进。就像我的客户一样，很多时候，你可能还需要一些以人为本的影响力来提升表现。他所销售的产品复杂性高，需要他去说服和激励客户，让客户愿意投资。但陷阱在于，许多人没有意识到，随着职位的提升，为了持续的成功，我们越来越需要将焦点从个人成就转移到集体影响力上。单凭个人的自主努力是不够的。要想真正获得成功，领导者必须创造一个能激发团队成员自主努力的环境。他们必须通过领导力来实现这一点，最终通过运用权力来取得胜利。

在领导力领域，权力这一概念常常遭到误解，并被赋予了负面的含义。我的客户认为，权力是政治的孪生兄弟，是为了个人利益和扩张影响力的一种策略游戏。然而，这并不是我们在此讨论的权力。实际上，深入理解权力是绩效提升的关键。

在领导力的舞台上，权力的施展有两条路径。一条路径是通过贬低他人来提升自己，这种权力最终只会导致压迫。从领导的角度来看，它至多能换来员工的表面服从，使员工进行契约型努力。而我那天早上所讨论的权力则截然不同。这种权力能够促进信任的增长和绩效的提升，这正是我们期待领导者所能具备的。

1985年，当我踏上英国的土地时，电视上正在播出一则招聘教师的广告。广告词简洁而富有力量："无人能忘怀一位卓越的教师。"这句话深深地触动了我，因为它道出了一个不争的事实。与人们交谈时我发现，几乎人人都能回忆起一位卓越的教师。对于领导者来说亦是如此，每个人都能回忆起一位出色的上司。

当你探究人们为何特别铭记这些人物时，你会意识到，这并非因为他们能让人欢笑和感到快乐。那些人真正让人难忘的原因，是他们赋予了人们力量。我们总是铭记那些让我们感到自己更有能力的人。这些教师和领导者鼓励你冒险，推动你超越自我，走得更远。有时这个过程并不轻松，你会感到不安，但你知道他们始终站在你身后。这，就是正确的权力。

如果真有所谓的成功秘诀，那么这就是。在每一次与他人的互动中，你都要扪心自问："我是否让他们感到自己更加强大、更有能力？"如果答案是肯定的，他们便会追随你。你的角色不在于取悦他人，也不在于让他人顺从，而在于让他们感到自己更加强大、更有能力。"感觉"一词至关重要，因为在这里，你的行为所带来的感受远比你的意图更重要。

当我的儿子乔治想要学游泳时，我们面临着一个不大不小的挑战：他对下水有着深深的抗拒。尽管我自认为是个称职的教练，但这个难题让我们颇费周折。如果我只追求让乔治快乐，我可能早就放弃了。我知道他会感到害怕，会哭泣。如果我只是为了展示自己的能力，我大可以自己跳进水里游个痛快。这样虽然完成了游泳的动作，但对乔治学会游泳没有任何帮助。无论我个人的表现多么出色，都无法让他成为会游泳的人。

我本可以直接将他推入水中，告诉他一切都会没事的。毕竟，我可以自豪地说，我在他这个年纪就已经会游泳了，他只需要信任我（还有救生员）。但这样的做法会让他感到恐惧。他可能会惊慌失措，甚至可能会从此对游泳产生阴影。这种滥用权力的方式，我在太多组织中见过，太多领导者这样做过。

正确的方法是竭尽全力让乔治感到更加自信，让他感到他有能力学会游泳。他可能会哭泣，但我会陪伴在他身边。我会和他一起下水，用我自己的游泳能力（我的个人表现）来赢得他的信任，但我更需要运用以人为本的影响力来激励他。我会告诉他，我第一次下水时，也有和他现在一样的感受（这是共情，也是一个开始）。真正的慈悲需要共情作为基础，才能转化为实际行动。它要求我们有共同的目标和希望。所以我会向他展望，当他学会游泳后，我们将一起畅游大海。我会给予他所需的全部关注，让他知道我一直支持他。

权力不是让他人承担责任的手段。恰恰相反，**让他人**

感到自己更强大、更有能力，是我们激发他人内在动力的唯一途径。还记得我们之前提到的三个“C”（选择、社群和能力）吗？当我们行使权力时，我们可以帮助他人做出正确的选择，并展示一个他们可以依赖并支持他们能力的社群。权力，是领导力的核心驱动力。

在香港，早餐会谈结束后，我对会议的开场印象深刻。我的客户并没有像往常那样开始会议，回顾和汇报已经采取的行动，而是用一句能够激发所有力量的话开启了我们的讨论：“我能帮什么忙？”我很想告诉你，那一周的进展很顺利，我的客户在那次早餐会后发生了翻天覆地的变化，但实际上并没有，那并不是一个轻松的工作。很多次，杰夫都会端着一盘食物对我眨眨眼，低声说：“我觉得你需要糖分来补充能量！”

这是充满挑战的一周，也是非同寻常的一周。要改变那些与成功紧密相连的终生习惯，无疑很困难。但有一件事让这个过程变得容易了许多——我的客户对卓越表现的渴望。当一个人一生都在不断地超越自己的目标时，你只需为他们设定一个新的目标，就能看到他们如同明星般闪耀。现在，他所需做的，就是确保每个人都能看到他的光芒。我们的下一条法则正是为了帮助他实现这一点。

法则 8 的启示

职业发展依赖两个核心动力：个人成就和以人为本的影响力。两者缺一不可，但要想取得成功就必须明白，随着我们的职业发展进入不同的阶段，对这两个方面的重视程度会发生转变。

在职业起步阶段，我们的个人成就使我们脱颖而出。我们取得的成果越多，获得晋升的机会也就越多。虽然根据角色的不同性质，我们可能需要在不同程度上影响他人，但我们的首要任务是完成自己的任务。

然而，**当我们最终晋升至领导岗位时，**情况便会发生变化。我们进入了一个新阶段，在这个阶段，那些曾使我们成功的因素，可能会成为我们未来成功的障碍。**我们的成功将不再源自“执行”，而源自“影响”。**这正是权力发挥作用的地方。

我们渴望的权力，并非那种让他人感到自己渺小的权力，而是我们曾在那些杰出的导师和领袖身上体会到的、令人振奋的力量。当我们能够满怀信心地回答这个核心问题——“我是否能让他们变得更强大、更有能力”时，我们就真正拥有了这种权力。

法则 9

看见与被看见

波兰华沙

我见过许多身穿醒目的工作夹克的CEO，有些人甚至还戴着醒目的安全帽。但手持大锤的CEO，我还是第一次见到。

我抵达华沙，准备与一家国际机构新上任的当地CEO及其高管团队合作。但那天早晨，我们的会面比预期要开始得晚些。

当时，那位CEO被大约50人簇拥着，正忙于拆除员工食堂的一面墙壁。我看到CEO卷起衣袖，因努力推倒墙壁而面颊泛红。当听到他大声呼喊“你必须看见和被看见”时，我感到很震惊。这是我们的第九条法则“看见与被看见”。

我倾向于将文化定义为“我们这儿的行事风格”。它体现在构成组织的每一个细节中，从领导风格、沟通方式、工作流程，到我们所处的建筑和我们的工作时间，文化无处不在。

直至那天之前，这位CEO所在公司的食堂一直被一分为二。一个宽敞实用的区域供普通员工用餐，被称为食堂；而相邻的则是为高层管理人员准备的豪华房间，被称为餐厅。难怪高层领导团队给人一种高不可攀的印象。员工感受到的与领导的隔阂，实际上是一堵实实在在的墙。CEO希望打破两者间的壁垒，于是决定拆除那堵将食堂一分为二的墙。他希望管理团队既能够被看见，也能看见他人。

领导者需要被看见，同时也要看见他人，这一理念并不新颖。这一理念通过麦肯锡咨询公司的两位顾问汤姆·彼得斯（Tom Peters）和罗伯特·H. 沃特曼（Robert H. Waterman Jr.）于20世纪80年代创作的畅销书《追求卓越》，得到了广泛传播。这本书风靡全球，可以说它独创了商业书籍的流派。全球各地的高管都在争相阅读并努力实践书中的原则，其中一个原则特别受欢迎。

这个原则来自惠普研发有限合伙公司，当时它在美国还是一家比较小的企业，尤其是与顾问们通常接触的巨头相比。公司的创始人比尔·休利特（Bill Hewlett）和大卫·帕卡德（David Packard）会花些时间在公司四处走动，他们想要与员工交流，倾听员工的声音。他们希望赋予员工做好工作的力量。他们将这种做法称为“走动式管理”

（Management By Wandering Around，MBWA）。

最终，高管认为他们有太多的事情要做，而时间却太少，“走动”的做法被完全放弃，取而代之的是“开门政策”。当然，倾听员工的声音很重要，可以让员工自己来走动。这项政策还有一个额外的好处，那就是只有“真正重要的事情”才会被讨论，因为没有员工会浪费时间去高管办公室讨论某个问题，除非这个问题确实值得一谈。

高管很快就忘记了亲身在场的重要性和它对他人产生的影响。正如得克萨斯州的比克斯·本德（Bix Bender）所说以及汤姆·彼得斯（Tom Peters）在讨论MBWA时常引用的话：“一个人可以假装关心，但他们不能假装在现场。”员工不会被愚弄。

那位挥舞大锤的CEO拆除墙壁，并非无的放矢，而是在深刻诠释行动的深意。MBWA的核心，正是他所反复强调的“看见”与“被看见”。如果无法实现这一点，即便是敞开办公室大门也毫无作用。在施展我们前文所提到的那种领导力时，近距离接触是不可或缺的。走动不是随意闲逛，而是一种精心策划的策略，用以增强团队成员的力量和能力。这种策略不可能通过远程操控或被动等待来实现。“看见”与“被看见”是一种并肩作战的互动。

一锤下去，墙壁最坚固的部分轰然倒塌。之后，CEO召集所有人围坐在食堂里，共同探讨“看见”与“被看见”的深层意义。尽管CEO并非波兰人，但他对这片土地的文化传统了然于胸，也因此能够理解自己的行为可能引发的不安。

对于许多领导者来说，与员工保持一定的距离并非出于优越感，而是为了塑造一种智慧与博识的形象。当你肩负决策重任，对局势洞若观火时，你需要的是一个静谧的专属于高管的楼层，一个专属的餐厅，无须混迹于人群之中去搜集信息。在开放式办公室中，领导者也喜欢装上玻璃墙。

为了避免高管团队在“外界如何看待他们”的问题上采取防御姿态，CEO选择了一个策略性的开场：他从团队成员观察到什么出发引导讨论，而非关注外界对他们的看法。

领导的职责，本质上是一种层级化的补救职能。在一个运行良好的组织中，只有那些无法在基层得到解决的问题，才会被提交到高层。沟通是直线型的，聚焦于问题。如果你的视野和讨论仅限于问题，你最终可能会将整个组织视作一个问题，而将自己定位为解决问题的专家。这种对领导和组织的片面理解，很快就会导致不尽如人意的结果。

在职场中，大多数日常沟通都以对话的形式展开，这些对话往往是非对称的、模糊的，并且着眼于可能性。

让我们换个角度来思考。如果你作为父母，总是忙于发现并纠正孩子的错误，孩子们可能会学会避免错误，但却无法理解应该做什么、重复什么和追求什么。如果你希望孩子成功，你会与他们交流，讨论他们的成就。你会与他们一起探索这个世界，明白在让他们变得更强大、更有能力的过程中，他们对现实的体验和你的一样有价值、一样重要。你不能仅靠解决问题来取得成功，还要能够发现并把握机会。

在“看见与被看见”的理念中，“看见”并非意味着单纯的检查，也不是寻找错误和缺陷。它关乎人们要对组织拥有全面的认识，而非仅仅局限于问题本身。它涉及发现并认可那些行之有效的方法，探索事情顺利进行时的情境，并讨论如何将成功转化为更大的优势。这种“看见”事关主动寻找机会，让机会自然浮现，而不是被动地应对他人带来的问题。正如我们在第七条法则中所讨论的“唯有死亡能让人丧失动力”，员工在感受到被支持和被关注时，会更加投入地工作。

“看见”不仅仅是物理上的到场，它超越了简单的存在。我们的CEO拆除了公司那堵将食堂一分为二的墙壁，以此强调“看见与被看见”的深层心态。“看见”意味着能够识别卓越和把握机会，它是好奇心——渴望了解什么能够顺利进行和取得成效。“看见”还意味着收集那些被大多数领导者因赤字心态[①]而忽视的数据。这些数据无处不在，对于愿意发现它们的人来说，它们就像是显而易见的成功数据。

---

① 赤字心态通常指一种心理状态，即个体因某些心理需求或资源上的不足（或缺失）而产生持续性的“不足感”。这种心态可能源于多种因素，包括个人经历、环境影响、内在的心理动态等。

如果说“看见”是领导者对追随者的行为，那么“被看见”则是对其进行补充的另一面。如果你不能被看见，你就无法增强影响力。你必须被看见，才能产生影响力；你必须了解别人如何看待你，你才能理解你的影响力。我们的CEO希望他的高管团队明白，通过自我隔离，他们将影响力交给了偶然性；他们减少了与员工接触的机会，也就减少了他们作为领导者的影响力。

当领导者步入员工视线，他们的角色便从高高在上的问题解决者转变为触手可及的伙伴。这种转变拉近了他们在员工心中的距离，让员工更愿意接近他们，与他们分享自己遇到的挑战。被看见也意味着能够迅速解决问题，让员工得以利用领导者的专业知识和经验，同时领导者也能触及员工心中的隐性知识。

然而，“看见与被看见”的效果和工作或生活中的许多其他事物一样，最终取决于其执行的方式。想象一下，在一个领导者冷漠、总是纠结于问题的组织中工作，食堂或许就成了你的避难所。在那里，你可以放松地和同事交谈，确信没有高层管理者在监视你。在这种情况下，与领导层之间的隔墙倒塌这件事恐怕不会让你感到欣喜。

仅仅是身体上的到场并不足以实现真正意义上的“看见与被看见”。如果员工不习惯看到你的身影，如果组织文化一直以发现错误和指责为主，如果信任基础薄弱，那么“看见与被看见”可能会被视为监视而非关怀。这就是为什么在实施“看见与被看见”之前，我们必须先理解慈悲心和以人为本的力量。领导者需要真诚地渴望深入了解，并承诺积极回应他人的关切，而非对其置之不理。当作为领导者的你具备了慈悲心和以人为本的力量，人们便会向你敞开心扉，缺少这两样，他们就会对你关闭心门。

只有在你理解自己的影响力和他人的偏好时，被看见才具有价值。这正是“看见与被看见”相互联系的原因。你需要通过看见来搜集信息，通过被看见来采取行动。

你的初始立场（他人对你的看法）、组织的文化规范（组织的做事风格）和个人偏好（每个人的舒适区）规定了你采取行动的方式。你需要调整你的行动方式，比如：有些人可能会更乐意与你一起用餐，而有些人则可能更愿意独自用餐。

你的肢体语言和言语一样重要，它们传递着你的意图和态度。你需要全面地观察，而不是只选择性地看到自己期望的事物。你倾听的时间应该是说话时间的两倍，回答问题的时间应该是提问的两倍。

推倒一堵墙，是一种充满象征意义的行为。象征确实重要，但仅有象征并不能实现文化的变革。真正的变革需要持续的勇气、时间和不懈的努力。那天早晨，会议结束后，当大家纷纷走去享用午餐时，我仿佛听到了文化变革比赛的发令枪——那似乎是从一张桌子上传来的笑声。

一位高层领导端着餐盘，走向一群正在热烈讨论的员工。他担心自己会打扰到他们，略带歉意地说："就当我不存在好了。"一位健壮的员工回应道："我们一直都是这么做的。"随即，整个桌子的人都笑了，包括那位领导。这让我意识到，"看见与被看见"的法则可能会催生一些新的变化。

"看见与被看见"的法则是一种纪律，它要求我们投入关注和意图。保证他人对其工作的热忱，同时确保你与自己的工作紧密相连，这都是至关重要的。**领导是一场接触性运动，它意味着领导者要与那些真正在一线工作的人们并肩作战，身处工作真正发生的地方。**没有什么可以阻止你与他们在一起。这不仅是成功的关键，也是减少下一条法则中描述的失败机会的基础。

法则 9 的启示

如我在法则2"把螺丝排列整齐"中所述，若无人追随，你便不是真正的领导者。如果你转身后发现身后空无一人，那么你就没有领导任何人。领导从来不是孤军奋战，也不可能在远程操控中取得成功。领导力的核心在于建立关系，而建立关系就需要彼此的看见与被看见。

领导者通过观察工作世界的真实现状，能够识别出值得推广和加强的理想化的流程、习惯和行为。他们能够认可并巩固成功，而不只是发现和纠正错误。通过让自己被看见，他们强调了自己愿意亲近他人，并鼓励沟通。他们通过展现自己的人性，增加了被他人视为可靠之人的机会。

“看见与被看见”这一行为只有在你掌握了我们在法则6“不过分夸大共情”中讨论的慈悲心时，才能真正成功。没有慈悲心，“看见与被看见”可能会被误解为监视或评判。有了慈悲心，我们就能营造一种开放和持续改进的文化氛围。

法则 10

小心新刷的油漆

捷克布拉格

我的行程是搭乘从伦敦出发的末班航班，到达布拉格后，在那里短暂停留一夜。第二天清晨6点，我的客户会来接我，我们一同驱车前往会议地点。我们将对场地进行最后的检查，确保一切按照预期准备就绪。会议结束后，我就要赶往机场，确保在当天晚餐时间前赶回伦敦的家。

这是一个仓促制定的计划，如同大多数临时计划一样，代价不菲。虽然酒店因为临时预订而给了我折扣，但这远远无法弥补我在最后一分钟购买机票所支付的高昂费用。我将花费整整24小时在路上，这么做仅为了大约1小时的工作。我真的应该踏上这趟旅程吗?

当然，如果是在今天，客户完全可以通过智能手机与我视频通话，我们可以在线上开会。但那是在2002年，那时我们还没有智能手机（iPhone五年后才会问世，安卓系统六年后才发布）。即便视频会议是可行的，但那种技术也无法在户外，特别是在捷克农村的森林边缘使用。

即便我已经住过许多国家的商务酒店，深知它们大多千篇一律。我也非常确信会议室的变化有限，只要有桌子和椅子，一切应该都能顺利进行。那么，为什么我的客户还希望我亲自到场呢？答案很简单。这次会议对她来说意义重大，她需要一颗定心丸。我的职责是告诉她，她其实并不需要这种安慰，但我也清楚，我的工作是确保她在会议当天发挥出最佳水平，这也意味着我需要确保她在会议前的准备过程中也能保持最佳状态。因此，我登上了飞机。

我们正忙碌于筹划一支新高管团队的首次外出会议。这家迅速发展的快消品（Fast Moving Consumer Goods，FMCG）公司的CEO新官上任，决定带领他的高管团队暂时摆脱日常业务的纷扰，共同规划来年的发展蓝图。我的角色是提供对他们团队合作的反馈，并给出建议，帮助他们提升工作效率和响应速度。这场会议对所有参会者都至关重要，对我的客户来说更是如此——她刚刚加入公司，便被委以组织这次活动的重任，她感到自己需要证明自身的能力。

我的航班延误了大约两小时。当我在午夜后抵达酒店时，发现夜班员工已经因为认为我不会入住，将我的房间转售给其他客人了。经过一番交涉，他们最终决定让我入住总统套房。在清晨出发前，我只剩下大约四个小时的休息时间，我得承认，从最经济的房间被升级到最奢华的套房，并没有让我表现出预期中的那份感激。毕竟，疲惫时的我并不是最好状态下的我!

第二天早晨，我们驱车穿越捷克的乡间前往会场。乡间的景色美得令人心醉！我无法指明我们穿越了这个国家的哪个区域，因为我已记不清酒店的名称和具体位置。我只能回忆起，在前往会场的最后几公里路上，一座斯柯达工厂的轮廓在森林中隐约可见。它或许为当地提供了急需的就业机会，但不得不说，它多少破坏了沿途的风光。

当我步入会场所在的酒店大堂时，酒店经理热情地迎了上来。酒店经理带着难以掩饰的骄傲告诉我，这座历史悠久的酒店曾是某些官员的休闲胜地。环顾四周，望着卧室墙上那些大胆的画作和随处可见的狩猎战利品，我不禁暗自思忖，这些官员们似乎并未怎么涉足这里的商务中心。

我们查看了酒店的各种设施，一切都井然有序，正如我所预期的那样。看起来，我们在这里的停留将会非常舒适。然而，我的客户却遇到了一个小小的难题：酒店竟然没有准备任何她们公司的产品，一件也没有。她与经理就此问题进行了讨论，很快就达成了一个双方都满意的解决方案——她负责将产品送到酒店，而经理则承诺会将这些产品妥善地放置到相应的房间中。

她巧妙地解决了这个问题，而我也因此找到了一个绝佳的开场白来开始我们的会议。我所要做的，就是确保她不介意我用这个故事来作为一个例子，以建立我们的法则，我称之为“小心新刷的油漆”法则。我不想让她感到尴尬，但这个故事不仅妙趣横生，而且对于我们讨论的规则至关重要，不容忽视。

我一向提倡客户使用他们自己的产品和服务，实际上，我也坚持这样做。这似乎是天经地义的事。毕竟，如果你连自己的产品都不用，那岂不是很奇怪？即使是我的医疗科技客户也在努力寻找方法，去亲身体验他们的用户所经历的一切。

我早已习惯了我的快消品公司的客户将会议安排在他们公司的下游客户那里（在本书的后续章节中，你将会遇到其中几位）。毕竟，如果一个酒店的老板不辞辛劳地选用了你的产品，你自然会选择入住他们的酒店。同样，如果一家餐厅供应了你的饮料，你自然会去那里用餐。实际上，我的客户已经尽力了，但这次，她公司供应的产品，会场所在的酒店里竟然一件都没有。

然而，我们的酒店经理深知，在酒店行业中，热情好客是至关重要的。如果这意味着要选用通常不会选用的产品，那也无妨。在这种情况下，问题不在于解决方案，而在于背后的意图。最终我发现，我的客户不希望有人提及酒店没有选用他们的产品，这是为什么呢？

是因为担心高层的反应吗？是为了保护销售总监，避免他因为未能在这个场所建立起品牌存在感而受到责备吗？还是因为她为没能在一个更合适的地方举办会议而感到尴尬？当我们在返回的路上讨论这个问题时，她也说不清楚。答案似乎包含上述所有原因，但又似乎都不是。她只是不希望这成为一个问题，她希望一切都能尽善尽美。

这就是我将这个法则称为“小心新刷的油漆”的原因，这个说法源自英国的一句俗语——国王认为整个国家都散发着新鲜油漆的气味，因为他所到之处，人们总是刚刚粉刷过墙壁。对于领导者来说，情况也是如此。

一位集团CEO曾向我吐露了他与一位司机间发生的不愉快经历。在走访公司海外分支机构时，这位司机负责到机场接他。集团CEO希望绕道前往某个著名地标，为他的女儿拍摄照片，司机却坚持不偏离既定路线。原来，司机是在遵循该公司当地CEO的指令，而这位当地CEO做出这一指令的背后原因是已经预订了该路线沿途所有的广告牌，目的是确保集团CEO能够感受到品牌在该国的显著影响力。

一位国际金融界的高管也向我倾诉了她从伦敦飞往澳大利亚检查业务时的失落感，她所看到的尽是一些经过精心排练的演讲。在多次尝试后，她终于提出了一个实质性问题，却只得到了“我应该说实话吗”这样的回答。她不禁感叹，他们似乎误以为她历经23小时的飞行是为了追求享乐，而非寻求真正的信息。

新刷的油漆，这是每位领导者身上独有的香气。

请不要误解，我并非在说员工天生就不真诚、狡诈或喜欢隐瞒。根据我的经验，粉刷新鲜油漆是为了取悦他人，显示尊敬。比如那位CEO和他的司机，当地的团队希望他能看到他们对他的关照，从而让他感到欣慰。那位金融高管接收到的，是对方基于她长途跋涉后的体贴，对方想以一种极为专业且简洁的方式，呈现给她更多信息。就像我的捷克客户，她的所作所为仅仅是出于关心。在这些例子中，驱动人们行为的是尊重，而非对后果的恐惧。

无论是为了掩盖污垢、掩饰裂缝，还是简单地增添色彩和光亮，新刷的油漆总是掩盖了事物的真实面貌。洞察他人的意图无疑是一项极具挑战性的任务，假设他人的意图往往会适得其反，尤其是在多元文化交织的背景下，个体行为的动机更是五花八门。同样，我们也无法消除人们想要保护他们的领导的想法，无法消除让他们的领导免受那些他们认为不愉快的现实困扰的需求，比如我的客户所选择的酒店并没有使用他们公司的产品就属于这一情况。

当我最终在斯柯达工厂旁的森林边与高管团队会面时，我向他们讲述了“小心新刷的油漆”这一隐喻。他们对我的客户迅速行动以确保产品供应这一举措表示赞赏，认为这不仅体现了她细致入微的考量，也展现了她恰到好处的应对。他们对于她的举动以及酒店未选用他们产品的情况同样感到好奇。在他们眼中，这并非问题，而是值得分析的数据点。

这家酒店并未选用我客户公司的产品，与此同时，那些选用了我客户公司产品的酒店却已客满，这一现象本身就是一个宝贵的数据点。它向我们透露了宝贵的信息，涉及市场细分、定价策略和品牌形象等。我的客户决定采取行动确保产品供应，这同样是一个重要的数据点。它展现了员工对品牌的投入程度、对细节的关注，以及满足高管团队期望的渴望。这些数据无论反映的是令人尴尬的问题和补救措施，还是值得骄傲的成就和认可，都不是关键。数据本身不会构成问题，相反，数据的缺失才是真正有问题的地方。

揭开真相的面纱，远比简单地得到真相复杂得多。那么，在商界该如何营造一种氛围，让原原本本的现实成为常态呢？这其实和其他任何事情一样，**你需要设定明确的目标，并通过培养三个习惯来达成目标：大声说出来、展示出来、保持坚定不移。**

先来聊聊“大声说出来”。显然，为了让他人明白你的意图，你必须清晰而坚定地表达出来。你可能会说：“我希望我们能够无话不谈，分享一切。”但这样的表述可能会被过于字面地理解。结果可能是，要么人们因为分享了你本想保密的信息而惹上麻烦，要么你被大量其实并不需要的信息所淹没。

更明智的做法是，不要过于具体地描述你想要的结果，而是更多地关注达成这些结果的过程。比如，捷克的高管团队就达成共识，他们想要传递的信息是：他们希望以消费者、供应商和员工的视角来观察这个世界。

然而，说出口的话并不总能保证会变成现实，因为人们需要看到你的真诚。这时，“展示出来”就显得至关重要了。“展示出来”有两面性。首先，你得亲自示范那些你期望他人会展现出来的行为。我想起了一位移动通信业务的CEO，他会带着竞争对手发送给他们的信件和账单来上班。他的用意是让每个人都看到竞争对手是如何与客户打交道的，而要达到这一目的，唯一的方法就是成为他们的客户。他以身作则，跳出了自己的舒适圈。

但是，仅有示范还不够。如果你不想被假象所迷惑，就必须有足够的自控力，对真相做出恰当的回应。试想一下，如果我们的高管团队在酒店中发现没有自家产品时，对我的客户大动肝火，那么这样的疏忽就绝不会再次出现。问题会被迅速掩盖，就像新油漆覆盖旧污点一样。**人们只有在确信提出问题不会招致麻烦时，才会勇于揭露问题。如果你对问题的反应让人望而却步，那么每当你询问“有问题吗”的时候，你得到的答复总是“没问题”。**而这正是问题所在，正如我曾合作过的一位领导所言：**当“没问题”成为常态时，问题就真的来了。**

若你渴望窥见世界的真实面目，就必须学会超脱个人情感，将情绪从对话中剥离，让数据成为讨论的主导。你要亲自示范那些你期望他人效仿的行为，并通过你的反应来激励这些行为的发生，这正是“展示出来”的精髓所在。

我们都见到过这样的领导：他们刚刚上完培训课程，满腔热血地想要大刀阔斧地改革。我们预见他们会带来一些新奇的想法，但最终，他们会慢慢冷静，一切又会回到老样子。在组织里，没有什么能够保持长久不变，就像摇摆的摆锤，聪明的员工早已学会了如何巧妙地进行躲避。

因此，我们的第三个习惯是“保持坚定不移”。要避免让改革沦为虚幻的泡影，关键在于要不断地戳破泡沫。我的一些客户会定期召开会议，我特别推崇的是一种名为“最佳保密会议”的会议。顾名思义，这个会议要求参与者揭露一些他们部门对外严格保密的事情，一些他们不愿意让外界知晓的秘密。然后，团队会集思广益，共同寻找解决方案。这不仅是一种巧妙的策略，更是一种让每个人都能围绕一种特定的思维方式进行思考的过程。在这一过程中，象征和传统扮演着至关重要的角色。

然而，如果仅依赖这些会议，它们很容易沦为走过场的形式。真正有用的是那些融入日常的习惯。在我看来，没有什么比得上我的一位香港客户在会议开场时的询问：“我能帮上你什么忙？”这句简单的询问不仅展现了询问者倾听和提供援助的意愿，更能激发出员工更多的自发性努力。

躲开新刷油漆的刺鼻味道并非易事，人们也很容易适应一个焕然一新的环境，但真正的成就来自能够设身处地为他人着想，我们要穿上他人的鞋子，哪怕它再破旧、再有异味。可以肯定的是，如果你不遵循我们的下一条规则，你的员工所粉刷的将不仅仅是四面墙壁。他们会搭建起一个完整的电影场景。

法则 10 的启示

当周围的人下意识地只为你展示他们认为你会欣赏的画面，或是只告诉你他们猜测你想听的内容时，想要紧紧抓住正在发生之事的真相确实是一项挑战。就像人们为了国王的到访而粉刷新漆，这并非出于对国王个人的尊敬，而是出于对他所代表的权力的敬畏。这一道理，对于国王适用，对于领导者也同样适用。

为避免陷入许多领导者常遇到的虚幻泡影，你必须培养三个习惯。

首先，要坦率地表达你对真相的追求。强调"没有问题"本身就是一个大问题，这可以让人们明白，你将问题视作与成功同等重要的学习与进步的契机——它们都是宝贵的数据点。

其次，光说不练是不够的，人们必须真心相信你。真正的行动比口头上的承诺更有力。你需要通过实际行动来证明你的真诚。在听到那些不那么悦耳的真相时，展现你的自制力，以此接纳真相。

最后，最艰难的部分是记住，坚持真相是所有领导工作中最具挑战性的任务之一。要寻找途径，激励自己和团队去挖掘那些不那么显而易见、非同寻常的数据点。

法则 11

被量化之事永无完成之时

英格兰家乡

有时，真理就藏在眼皮子底下，你无须远行即可发现。这一次，我甚至连家门都没踏出一步，就悟出了新的法则。

如果你身为父母，那么在孩子成长的某个时刻，你注定会遭遇关于零花钱的讨论。这场讨论可能以提问的形式出现，或者就像在我们家那样，以一种声明的方式呈现。我记得那个清晨，早餐刚结束，夏洛特——我那年仅八岁的女儿，用一种只有在与银行经理进行严肃谈判时才会有的庄重目光注视着我，说："爸爸，我需要零花钱。"

请注意，她用的词是"需要"，而不是更加恰当的"想要"。我猜她特意选用这个词，是为了让我意识到这个请求的重要性。还得提一下，她用法语称呼我"爸爸"，这让我有些尴尬，因为这几乎是她唯一会说的法语单词。我想，她这样称呼我是为了强化我们之间的家庭联系，让我无法对她的请求置之不理。如今她已经25岁了，可能又学会了十来个法语词。我说“可能”，是因为她那浓重的埃塞克斯口音让人很难分辨她说的到底是不是法语。

不过，不论这个请求何时降临，也不论它以何种语言呈现，你都逃不掉关于零花钱的对话。只是，别像我当时那样处理。

你看，普通的父母总是有选择权的。他们可以根据自己的育儿理念和经济状况，选择“给”或“不给”。但我不认为自己是普通的父母，我是一位领导力发展专家，我信奉“教育时刻”理论。当我的女儿提出她需要零花钱时，我心想：“嗯，这是一次教育的机会。”因此，我决定将给零花钱的行为转变为一堂关于个人贡献价值的更有意义的课程。我设计了一个激励机制。

我用翻页纸制作了一张表格，上面列出了夏洛特的日常任务和对应的报酬：每天刷牙，她能赚得10便士；每天梳理她那一头长发，再得10便士；每天整理卧室，又是10便士；完成家庭作业，她能拿到40便士。或许有人会觉得，将家庭作业的报酬设得最高，对于我这样一个来自常被批评为将教育看得比卫生还重的国家的人来说，反映了我的文化偏见。

我向夏洛特解释了这个计划的运作方式，把表格贴在了冰箱上，买了一包金星贴纸，然后满怀期待地等着我们的第一个发薪日——星期天。

到了星期六，回顾这一周，我们的新计划似乎进行得颇为顺利，唯独夏洛特的卧室还处于待整理状态。我鼓励她去整理，她也答应了。随后，家中出奇地安静了15分钟——对于一个有两个小孩的父亲来说，这种寂静往往预示着孩子们正在做些什么意想不到的事情。

我决定去探个究竟。我轻轻推开夏洛特卧室的门，发现房间依旧凌乱如初。夏洛特正躺在床上，不是在整理房间，而是在给她的指甲上色——更准确地说，是用记号笔涂鸦。我以我那教育者特有的严肃口吻问她："夏洛特，我们之前是怎么约定的？你整理房间，我检查后给你金星贴纸，然后我们都会很开心，明天你就能领到你一周的零花钱。"夏洛特抬起头，用那双我认为（或许带点父亲的偏心）世上最甜美、最迷人的眼睛看着我，然后平静地回答："爸爸，我考虑过了，为了那10便士，这么做似乎不太值得。"

看来她确实从中吸取了教训。这是一堂颇有启发的商业课。虽然这并非我们的初衷，但在我们之前讨论的外在激励的框架下，这无疑是个宝贵的经验。要让激励机制发挥作用，奖励必须与完成任务所需的努力相称。不过，考虑到那周的其他计划都已完成，这一课还不足以成为一条法则，也配不上我给它的标题。要理解为何法则11被称作"被量化之事永无完成之时"，让我们把时间快进到下一个周末。

那个周末，我们计划去看望孩子们的爷爷奶奶。一切准备就绪后，我催促孩子们上车。“夏洛特、乔治，快点儿，我们得出发去看爷爷奶奶了。”夏洛特和她那还不会游泳的弟弟乔治经过一番短暂却显然成果丰硕的交流后，两人都显得异常坚定。我的女儿，现在像个小小的谈判代表，她走进厨房，目光锐利地审视着那张翻页纸，然后以一种正式的腔调宣布：“那么，去看望爷爷奶奶能赚多少呢？这件事可没写在这张翻页纸上。”

我正目睹我的努力所带来的一个意外后果。在我尝试传授价值观的同时，却不经意地削弱了对价值观的全面关注。通过将经济激励纳入我们的生活，我消除了所有的社会责任和道德义务。这正是重要的教训，也是法则11的核心。

要理解“被量化之事永无完成之时”的真正含义，我们需要深入探究组织的真实运行机制。任何组织，无论是以营利还是非营利为目的，都是从一个想法或理想起步的。创始人或创始成员们齐聚一堂，努力将这个想法变为现实。我倾向于将这个阶段称为“公司阶段”，而非“创业阶段”。“公司”这个词源自拉丁语，意为“共同分享面包”，强调个体为了共同走向未来而进行合作。

在一家公司里，每个人都会全力以赴去完成任务，从而实现一个共同想法。角色和责任固然重要，但在实际操作中，它们往往会被暂时放下，以便更有效地推进工作。从这个意义上来说，公司就像一个大家庭，成员们全身心投入，出于道德和社会责任而行动。每个人都明白最终的目标，并通过交流保持联系。

在公司里，量化标准是进步的里程碑。量化标准告诉我们离目标有多近，或者还有多远，它们反映了我们在实现目标的道路上的进展如何。

然而，随着公司进入扩张的轨道，它逐渐变得需要系统化，从而转变为一个组织。与初创时的公司不同，组织不能仅仅依赖个人基于社会和道德责任的善意来推动工作。它无法仅仅通过不断地协商和对话来推动事务的完成，而是需要明确的职责分工、流程规范和规则、经济激励，以及承担相应的后果。量化标准不再仅仅是进度的标记，它们变成了具体的目标。这便是问题的起点。

我的零花钱实验揭示了公司与组织之间的共存难题。一旦我给家务清单上的任务标上了价格，这些任务本身就优先于它们的初心了。夏洛特对于那些她最不喜欢做的事情，会向我索要更多的报酬，并且希望那些清单之外的事情也能获得金钱上的回报。她开始利用这个系统，而不是去实现其原本的目的。在经济激励的驱动下，社会责任和道德义务黯然失色。

这一现象在社会科学中早已是一个众所周知的问题，也是商业领域中被反复研究的课题，甚至有一个以英国经济学家查尔斯·古德哈特（Charles Goodhart）命名的定律——古德哈特定律。古德哈特定律指出："当一个量化标准变成目标时，它就不再是一个好的量化标准。"

正如夏洛特所生动展示的那样，目标和激励机制导致人们只专注于眼前的目标，而忽视了长远的影响。目标是有效的，只要报酬足够吸引人，夏洛特就会完成翻页纸上列出的任何任务。但目标又过于有效了，她只愿意做那些列在翻页纸上的事情。这意味着，为了实现所有目标，我们需要预见一切。我们必须能够预测未来的需求，无论是明天的还是后天的。

通过依赖少数关键绩效指标和度量来设定目标和激励，我无意中造成了一种对什么是良好社会行为的狭隘视角。这正是员工会优先达成某些具体指标的原因，哪怕这意味着牺牲组织其他重要方面的福祉。

在制定目标和激励措施时，若未充分考虑可能的副作用，就可能导致事与愿违的结果。夏洛特将看望她的祖父母货币化的行为或许过于极端，但许多员工确实会通过操纵系统来实现目标，而不是专注于目标背后的深层价值或创造价值。

量化标准和目标确实能够达成它们所设定的成果，它们的影响力是微妙而深远的。它们给了我们一种错觉，一种错误的安全感，让我们以为有所进展，哪怕我们实际上是在倒退。这就是为什么理解“被量化之事永无完成之时”这一法则至关重要。尽管表面看起来可能并非如此，领导的成功在于深刻理解这一理念，其背后有两个关键原因。

首先，我们必须清楚地认识到，“被量化之事即被完成之事”这一说法其实是错误的，它忽略了一个关键环节。在公司中，真正被完成的是那些受到讨论的事情。在组织中也是如此，受到讨论的事情才会被完成。问题在于，目标很快占据了我们所有讨论的中心。结果是，我们不再讨论量化标准代表的意义，以及它们如何与整体目标相协调。我们对量化标准本身了如指掌，但对它们存在的根本原因认识模糊。

若你对我的这番话存疑，不妨回想一下当你或他人试图在组织中推动变革时的场景。在上述场景中你会听到两个被奉为金科玉律的说法，它们实际上是组织内部出现深层次功能障碍的信号。

有一个说法是“变革始于高层”。我本可以花大量篇幅解释这一谬误，但一句深得许多法国人人心的话足以概括——“革命永远不会由国王发起”。另一个说法是“我们需要将目标纳入绩效指标”。这便是“看望爷爷奶奶能赚多少钱”的问题，如果某件事没有写在翻页纸上，它就不会被执行。

作为领导者，我们必须确保在讨论量化标准时考虑到它们的背景。真正的清晰来自理解这些量化标准和角色如何与我们为自己设定的总体目标相协调，而非仅仅关注量化标准和角色本身。否则，量化标准将抑制任何形式的自发努力和创新。

领导成功的第二个原因，在于深刻理解“被量化之事永无完成之时”的道理，之所以说“被量化之事永无完成之时”，是因为量化标准使我们与组织的联系断裂，使我们对最初设定的总体目标视而不见。量化标准会导致一种逆转现象，它使得一个组织从最初的寻找资产以实现目标，变成了寻找目标以利用资产。

当我们让公司与量化标准挂钩时，我们也就失去了“集体探索世界意义”所带来的活力与灵活性。量化标准不仅助长了团队间的无效竞争，还让员工的视野变得狭隘。

卓越的领导者渴求的是充满生命力的组织，而这样的组织只能建立在相信他人能够达成目标的基础上，量化标准应当作为对目标的提醒，而不是作为目标的替代品。真正关键的，是持续且一致地围绕究竟最重要的问题来进行对话。

我的错误不在于制定了一个激励计划，而在于在讨论这些量化标准时，我没有让夏洛特意识到它们在更宽广的背景下的重要性。保持卧室整洁之所以重要，是因为它象征着我们共同的努力，我们没有忽视任何家庭成员所作出的贡献。我本希望她通过完成任务来加强道德责任感，但我却通过量化这些任务，破坏了道德责任感。只有当我们开始讨论看望祖父母的价值，而不是赠送礼物或投入时间后得到的未来回报时，那些被量化的事情才真正得到了实现。那是一场有趣且富有启发性的对话。

但这并不是说金钱不重要，正如我们接下来将要探讨的法则所揭示的那样。

法则 11 的启示

随着组织规模的扩大，量化标准也变得日益繁多。它们是必不可少的工具，帮助我们洞察那些过于复杂、无法仅通过观察和对话就能完全掌握的系统内部动态。量化标准帮助我们化繁为简。

然而，问题出现在当量化标准开始取代对话或成为对话的唯一主题时，量化标准不再是指向预期最终目标的进度里程碑，而将它们自己变成了最终目标。换言之，量化标准本身的重要性开始超越我们原本试图量化的事物。

尽管量化标准在设定基准和监控进展方面至关重要，但只有当我们讨论它们为何重要和它们传达了什么信息时，我们才能真正发挥领导力。这将确保量化标准被用来积极推动组织目标的实现，而不是被个人操纵从而谋取私利。

被量化之事永远不会完成。实际上，只有那些受到讨论的事情才会得到落实。成功的秘诀在于确保量化标准不是讨论的唯一焦点。

法则 12

紧随资金，不随潮流

希腊雅典

作为一名领导力发展研讨会的组织者，我必须坦白一个令人尴尬的事实：比起正式的研讨环节，研讨会的茶歇时间往往更能产生价值。正是在那些轻松的咖啡时光中，参与者们才得以卸下身份的枷锁，真正作为个体相互连接。但今天，这种宝贵的联系却在研讨会落幕之后才得以建立。

我和我的合作伙伴凯瑟琳（她是我公司的联合董事，有时也是合著者，当时是我的未婚妻，现在是我的爱人）在希腊共同主持了一场研讨会，待在这个国家的最后一个夜晚，我们决定去探索这个我们一周来未曾涉足的城市。那些五彩斑斓的酒瓶吸引了我们的目光，引领我们走进了位于雅典卫城脚下普拉卡区的布雷托斯酒吧。但真正让我们流连忘返的，是布雷托斯酒吧里丰富的酒单和那位年迈调酒师的风采。

我来自勃艮第，一个以葡萄酒闻名的地方。按理说，我应该对葡萄酒有深刻的了解。但实际上，我在葡萄酒上的知识仅限于能分辨出红白葡萄酒。在盲品时，我甚至怀疑自己能否做到这一点。凯瑟琳来自英格兰，一个在葡萄酒传统上并不怎么突出的国家，然而，她对葡萄酒却有着惊人的了解。她不仅能够区分红白葡萄酒，还能在盲品时准确说出葡萄品种、产地，甚至连年份都能一一道来。这样的她，无疑是个葡萄酒专家。

希腊人在葡萄酒酿造方面可谓造诣深厚，他们的酿酒技艺历史悠久。实际上，他们对自己的葡萄酒情有独钟，常常把最优质的酒留给自己细细品尝。在过去，想在英国寻觅一瓶希腊佳酿几乎是一项不可能完成的任务，即便在今天，这也并非易事。因此，当我们偶然发现了布雷托斯酒吧时，那份喜悦难以言表。这家酒吧历经沧桑，从两次世界大战、一场内战再到一个独裁时期，它不仅是雅典最古老的酒吧和蒸馏厂，更以其丰富的希腊葡萄酒收藏和自制烈酒而闻名。

调酒师和凯瑟琳一见如故。葡萄酒爱好者之间总有说不完的话题。那位老调酒师先是给我们品尝了几杯样品，随后便消失在他的酒窖中。不久，他带着几瓶精选葡萄酒和一盘凯法洛泰里奶酪回到我们身边，继续为我们倒酒，并让我们尽情享用奶酪。

过了一会儿，我提醒他，我们还没有支付任何费用。他的回答让我印象深刻："别担心，你们不需要支付任何费用。这些都是我送给你们的礼物。我的工作就是和你们聊天，了解你们的喜好。我根据聊天中收集到的信息挑选葡萄酒供你们品尝，你们品尝后，自然会找到那款最适合你们的酒。然后，你们会想要买下许多瓶，也会想要再次光临。你们满意，我就能赚钱。"

他的话果然应验了。我们最终购买了两瓶酒——在我看来价格不菲，在凯瑟琳眼中却是物超所值。虽然我不敢自称"颇有影响力"，但我确实在无数次演讲中向无数人推荐了布雷托斯。老调酒师得到的回报确实远远超过了他给我们品尝的六款样品和一盘奶酪的成本。

很多人倾向于将商业世界描绘得错综复杂。然而，我们的东道主却以简洁明了的方式，揭示了所有商业模式背后的核心框架——尽管某些模式可能天生就比其他的更为复杂。无论是凭借直觉、教育背景、实践经验，还是这三者的融合，我们的东道主都精于此道。这个框架建立在这样一个事实之上：**任何组织的根基都离不开四个"C"——客户（customer）、现金（cash）、变化（change）和资本（capital）。**

如果你在公共部门或非营利部门工作，在你打算忽略这四个"C"之前，请记住，它们同样适用于你。你可能拥有的是服务对象，而非传统意义上的客户。举例来说，如果你的目标是减少贫困，你可能希望服务对象越少越好。但无论如何，你的核心使命始终是服务于他们。你或许并不追求现金的增长，但你无疑需要资金来维持运营。你可能不渴望扩张组织规模，但你仍需不断变革以适应环境。无论你的事业是什么，成功的关键始终在于如何为你投入事业的资本带来最大的回报。这四个“C”构成了每个人的事业基石。

让我们先从客户谈起。你对客户了解得越深入，就越能为他们提供量身定制的服务，客户满意度也就越高，你的成功也就越有保障。正如我们的东道主所言，深刻洞察和理解客户，以便为他们的需求提供完美的解决方案，是确保你成为他们购买产品或服务的首选对象的最佳方式。

无论你的目标是增加收入（你得到的）、降低成本（你支出的），还是提高利润（你的收入和支出之间的差额），你都得明白，这些数字最终都不能为你买来一杯酒。现金是布雷托斯唯一看重的货币，也是你在其他地方生存的唯一保障。其他的衡量标准都只是中间产物。

现金是组织的生命线。掌握现金如何在组织中流动，就掌握了让它保持活力的方法。只有当现金真正流入你的收银机时，你才算赚到了钱。一张发票在未兑现之前一文不值，如果你不向供应商付款，他们也不会长久地与你合作。非营利组织也不例外：捐赠者可以许下承诺，但你不能仅靠承诺来提供服务。

我们的东道主已经巧妙地解释了客户和现金的概念。他用他的葡萄酒和奶酪作为投资，了解我们，想让我们将可支配现金尽可能多地花在他这里。到目前为止，一切都很简单。客户和现金使布雷托斯成为一个成功的酒吧，变化和资本则使其成为雅典最古老的酒吧。

许多商业顾问会强调增长的重要性。但增长的问题在于，它假设增长得越多越好。扩展布雷托斯或特许经营其商业模式并不能保证带来更好的业务。布雷托斯需要投资以确保新调酒师的水平与现有调酒师相当，这样一来，他们可能会分散对原始酒吧的关注。增长提供了机会，但并不保证成功。然而，变化保证了生存。

客户的需求在变化，竞争对手、行业格局和市场环境也在不断演变。如果不能与时俱进，就可能会失去市场份额。你或许不追求扩张，但变化是必不可少的。要实现的变化必须是可持续的，能够提升你的收入（流入的资金）和利润（偿还债务后剩余的资金）。然而，没有我们的最后一个“C”——资本，要达成那些听起来合理的计划实际上并非易事。

将资本看作你投入企业中的现金。它既是维持日常运营的必需品，也是适应变化的关键。资本可能源自你的口袋，也可能是你从别处借贷来的。成功的关键在于，你从资本投资中获得的回报是否超过了简单持有它所能带来的收益。如果你以10%的利率向银行借款10美元，再以5%的利率转借给他人，那就说明你或许是一位愿意帮助他人的好朋友，但绝非明智的投资者。

送出价值10美元的葡萄酒以换取100美元的销售额似乎是个精明的策略。但除非你清楚葡萄酒的成本、为购买它而支付的借款利息、将资金存入银行所能获得的利息，以及将资金投资他处可能获得的更高回报，否则你无法真正了解这笔交易的盈亏。理解资本回报率是作出明智决策的唯一途径。

对于我们而言，挑战在于除非你在布雷托斯这样的地方工作，否则很难全面掌握四个关键要素（四个“C”）。当你能够直接与客户沟通时，你会更容易洞察客户的需求。当你能够实时监控资金的流动时，就能更直观地理解现金流。当你拥有对组织的全局视野时，改变组织结构和流程也变得更加可行。当你是唯一一个与银行打交道的人时，评估资本投资的回报也变得更加直接。

然而，随着组织的成长，这些要素变得越发难以把握。正如我们在前一条法则中所讨论的，组织可能会变得分散、复杂、脱节和孤立。组织规模越大或越复杂，员工的专业分工越精细，我们的四个“C”就越容易被割裂开来。

在现代企业中，能够直接与客户和消费者互动的员工寥寥无几。现金流被转化为收入或利润预算，员工则需对实现这些目标负责。而变化往往被划分为小项目，这些项目只影响客户整体价值的一小部分。资本则被拆分成一系列指标，这些指标通常只在财务部门内部进行汇总。

随着组织效率的提升，员工与四个“C”的联系愈发疏远。为了应对这一挑战，组织开始追逐各种管理潮流。每一项新推出的举措、每一个咨询师推销的新概念、每一套让员工接受培训的新系统，背后都有一个共同的目标：重新连接组织。这些举措旨在将亲密感重新带回高效的商业运行中。

无论是**业务流程再造、六西格玛**[①]**、敏捷管理、客户体验优化、设计思维、数字化转型，**还是其他任何你能想到的流行概念，它们的采用都承载着组织希望重新统一的愿景。**这些方法被设计出来的初衷就是让庞大的组织变“小”，帮助员工在高效完成各个部分的任务时，能够与四个“C”框架保持紧密的联系。**

这不仅是一项合理的追求，更是我们应当全力以赴的目标。**如果我们不能领悟到个人努力如何汇聚成整体成果，成功便无从谈起。**如果我们对组织缺乏全面的理解，我们也无法为其作出明智的决策。问题的关键不在于我们追求的目标，而在于我们实现目标的方法。正如我们在上一条法则中所强调的，只有受到讨论的事情才会被付诸行动，而不是被量化的

① 六西格玛（Six Sigma）是一种旨在改进过程质量、减少缺陷和提高效率的管理策略。它起源于20世纪80年代末，由摩托罗拉公司开发，并在90年代被通用电气进一步推广。六西格玛通过系统化和统计化的方法，帮助企业识别和消除生产流程中的问题，从而实现卓越的运营表现。

事情。一旦某种潮流成为主流，它就会占据我们所有讨论的中心，成为我们关注的中心。

只有在学习和适应的速度超过环境变化和竞争对手的速度时，一个组织才有可能取得成功——个人的成长亦是如此。像布雷托斯酒吧里的调酒师一样，真正掌握四个“C”（客户、现金、变化、资本）精髓的人实属罕见。他们之所以能够脱颖而出，并非因为他们追逐最新的管理潮流，而是因为他们对这四个核心要素有着深刻的理解和掌控。这并不是说每个人都需要成为会计专家，或者说要教授周围的人都要掌握会计知识。虽然财务是商业的语言，但并非每个人都有学习它的能力、兴趣或耐心。

你的职责在于将四个“C”转化为一个能引起组织内部共鸣的统一视角。财务，不过是这种视角的一种表达，它如同一面镜子，映射出我们真实的一面。**任何事业的成功都根植于对现实的深刻洞察。四个“C”是衡量组织跨职能绩效的唯一指标。**

如果我们无法清晰地描述自己在为客户提供独特体验中扮演的是何种角色，那可能意味着我们对自己的工作理解不足，或者我们根本就没有处在一个合适的职位上。别用“内部客户”这样的说辞来敷衍，这是懒惰的表现。“内部客户”这个概念本不应存在，它们只会干扰我们对“最终客户”的关注。你的任务是清晰地界定你的职能，从而帮助领导者更好地理解最终客户，以及如何为客户提供差异化的产品或服务。

如果我们无法识别出能够改善现金流或提高资本回报的行动，那么我们对自己角色在组织中的位置就缺乏足够的认识。即使你部门（注意这个词本身就在暗示组织是脱节的）的激励机制并非以增加现金流为主要目标，你知道自己能做些什么来帮助改善现金流或降低成本吗？或许你可以减少库存，或者协商更优的付款条件？去和财务部门建立友好关系吧，向他们请教！

如果我们无法清晰地理解我们为变革付出的努力如何影响现金流和资本回报，那么这些变革或许就不应该推行。我们所追求的是否真正增加了利润（对于非营利组织而言，投资的时间是否获得了足够的成效）？我们所追求的是否帮助我们在市场中独树一帜？**将四个“C”作为阐释你的倡议目的的工具。只有当你的倡议能够对这四个“C”都产生积极影响时，它才值得组织投入资源。**

客户不会对你的业务复杂性感兴趣。捐赠者和贷款人不会对你的困境感同身受。竞争对手不会因为你的挣扎而放慢脚步。商业世界或许充满挑战，甚至错综复杂，但其本质绝不应变得晦涩难懂。

“紧随资金，不随潮流”这一口号提醒我们，不要被最新的模式、风尚、系统或流程所迷惑。所有这些工具和方法都是为

了帮助你更好地实现四个“C”。只有深刻理解组织的根基，并将所有资源集中于此，你才能取得成功。

你不可能仅凭在数字方面精通就脱颖而出，但没有这种精通，你的可信度也会大打折扣。

冒着被人误会我爱喝酒的风险——这对我的肝脏可不是什么好消息，我要说的是，我们的下一条法则诞生于3000英里（约4828千米）之外的另一个酒吧。这条法则将帮助你领悟与利益相关者之间的共生关系：只有当你协助他们管理好他们的四个“C”时，你才能真正掌握自己的四个“C”。

法则 12 的启示

虽然有些商业模式的复杂性超乎寻常，但所有组织，无论它们身处哪个行业，都立足于四大支柱：客户、现金、变化和资本。

我们得深入洞察我们的客户，以及他们为何青睐我们而不是我们的竞争对手。我们得掌握现金在组织内部的流转路径。我们得主动适应变化，以跟上我们所处的运营环境的变迁。我们得洞悉决策如何影响最终的投资回报率。

在我们让组织变得更加简洁、更加协同高效和更加灵活的同时，我们自然会被各种新工具、新模型、新流程和新结构所吸引。但是，不论我们最终选择了哪条道路，我们必须铭记，我们的关注焦点始终应该是价值的根本，而非那些昙花一现、迟早会被新潮流所取代的流行趋势。

法则 13

要么共赢，要么全输

印度新德里

在印度，我找到了平衡。

别误会，我并没有变成“瑜伽大师”。我之所以去印度，并非为了寻找自我，而是为了与一家跨国公司的高层领导共同探索增长迅猛却充满挑战的市场。经过一天的实地考察和深入交流，我们的东道主决定带我们去见识一下这个国家的另一面。

印度是个充满矛盾的地方，这说法可不是旅行写作的新鲜话题。但在一条由三车道扩展为六车道的高速公路旁，一座崭新的购物中心映入眼帘，这场景确实让人意外。

如果你能暂时忘却周围的喧嚣和气味，忽略那些在道路上争抢空间的汽车、卡车、摩托车、嘟嘟车、行人和各种动物，你几乎会以为自己正身处某个国际大都市。当我们停车，走进预订的体育酒吧，看着满墙的足球纪念品并翻阅菜单时，仿佛瞬间穿越到了美国！

在这家体育酒吧里，我们几个中年人聊到了商业，酒吧老板也加入了我们的讨论，分享了他的生意经。正是酒吧老板的一番话，启发了我们的第十三条法则。

“我经营这门生意的原则是‘要么共赢，要么全输’。我们每个人都只赚一点。如果我定价太高，我的客户就得支付更多，他们得到的回报就会减少。如果我的供应商要价太高，我要么减少利润，要么就得提高价格。他们赢了，但结果是要么我输，要么我的客户输。我的生意秘诀在于我们都能赢。我赚一点点，我的供应商赚一点点，我的客户只需支付一点点。一点点，加上一点点，再加上一点点，累积起来对我们所有人来说就是巨大的成功。”

我的朋友肖恩·奥卡拉汉（Shaun O’Callaghan），是Quartet Research①的创始人，同时也是Grant Thornton②的重组负责人，他将这种理念称为“平衡你的平衡板”。

平衡板是一种简单的健身器械，它的形状是一个圆板下垫着半个球体。它的设计宗旨是帮助运动员在不平稳的表面

① Quartet Research 是一个专注于多组学（multi-omics）数据质量控制和整合的项目。该项目提供了公开可访问的多组学参考材料和实用工具，以增强多组学结果的可复制性和可靠性。

② Grant Thornton 是德国十大审计公司之一，成立于1958年，总部位于杜塞尔多夫，提供审计、税务咨询、法律咨询和其他相关咨询服务。

上寻找平衡，从而锻炼核心肌群。

在商界，我们每个人也都踩在这样一个平衡板上。每家企业都要面对众多利益相关者的需求，而他们的需求又各不相同。无论是企业所有者、股东、分析师、贷款人，还是政府或非营利组织中的纳税人和捐赠者，他们都有自己的诉求。你的产品或服务的消费者有他们的需求。你的供应商（包括那些授予你运营许可的监管机构、非政府组织、记者等）也有他们的需求。员工同样有自己的期望和要求。

不管在组织中扮演什么角色，每个人都有自己的平衡板。就像我们在上一条法则中所讨论的，你可能并不直接与这些利益相关者接触，但他们通过预算或目标间接影响着你的行为。

任何时候，每个利益相关者都可能改变他们的要求和需求，更复杂的是，一个利益相关者的需求可能与另一个利益相关者的需求相冲突。比如，客户可能希望你的产品免费，而员工和供应商则要求得到报酬。供应商希望交货时就能收款，而财务人员则希望你通过延迟支付来管理现金流。

法则不仅仅是“共赢”，它还包含“要么全输”。不同利益相关者的要求可能截然相反，但他们是相互依存的。只有满足一方，才能满足另一方。你可能会选择暂时只满足一个利益相关者的需求而忽视另一个，但如果一方受损，他们就会让你的平衡板失衡，最终导致所有人都跌落。这只是时间问题。

随着利益相关者的内部需求发生变化和他们之间的互动增多，你可能会认为你对利益相关者的了解和平衡能力会让事情变得更简单。如果不是因为环境因素，确实会是这样。环境总是不期而至地踢你的平衡板，直到你彻底改变它。危机总是不请自来，让你在平衡板上无法永远安坐。

把所有重量都压在一边，你就有可能跌落。忽视平衡板上的任何一个角落，那一角的力量都会变得难以驾驭。增强核心力量已经充满了挑战，还要忍受利益相关者不断地踢击，这简直令人疲惫不堪。同时应对这两者，几乎是不可能的。

那么，法则究竟是什么呢？

“要么共赢，要么全输”这句话蕴含着深刻的哲理。它告诉我们，要想成功，就必须洞悉与你利益相关的人、你所处的背景和你的优势。

我们的印度酒吧老板就深谙此道。他的目标客户群体是那些追求生活品质、下班后喜欢小酌一杯、享受美食的年轻精英。购物中心依赖他的租金和客流量；供应商指望他的销售业绩；员工则指望酒吧生意红火，以便获得稳定的收入和慷慨的小费。他对供需杠杆和我们上次讨论过的四个“C”了如指掌。

他深知自己的生意背景。他拥有一家不错的酒吧，一家风格独特、以美国风情为主题的酒吧。但他也清楚，顾客的选择众多，有些竞争者甚至就在同一个购物中心内。他同样明白，自己酒吧的命运与当地经济的兴衰和“西化”体验的吸引力息息相关。他的酒吧虽然只是一家地方性的小酒吧，却也受到全球地缘政治趋势的影响。

他更清楚自己的优势所在。他的服务恰到好处：提供美式运动酒吧的氛围，同时以公道的价格提供美食和时尚饮品。这是一个典型的下班后放松的好去处，却坐落在一处非同寻常的地点。他以印度的消费水平，呈现了美国的风情。他的食物和饮品并不独特，但他不追求独特，也不需要独特，他只追求品质。他的目标很简单：让酒吧足够好。这是一家出色的酒吧，人人共赢。

了解你的客户、你的背景和你的优势，意味着这个法则不会限制你的选择，而会指导你的行动。

假设这家酒吧的老板决定将食物价格翻倍。他能这么做吗？当然可以。但只有当他记住这条法则时，他才能成功。如果其他条件不变，他的平衡板就会失衡。他可能会赢，但顾客会输。

如果他的酒吧是新德里唯一的美式酒吧，而顾客对这种体验有着强烈的渴望，情况可能会有所不同。一个独特的公司开发的独特产品可以形成“垄断”。这让你在平衡板上有了多种选择。在这种情况下，你的价值取决于你的独特性，而在这一领域，垄断往往是暂时的，它还可能会导致失衡。

错误在于认为棋盘上只有数字游戏。确实，价格是在平衡板上的所有利益相关者唯一的共同语言。这是他们共享的唯一价值，但绝不是他们所拥有的唯一价值。

如果人们仅仅追求低价格，那么就不会为了查看时间而选择劳力士手表，而是会选择那些经济实惠的手表。同样，他们也不会特意选择在新德里的购物中心内的美式酒吧消遣，而是更倾向于选择门外那些小吃摊上的简朴餐点。

平衡板上的游戏关乎我们坚守的价值观和我们所追求的价值。要想实现共赢，需要两种力量的协同作用，我们可以将它们称为股东权益和个人权益。

“股东”这个词的应用场景摇摆不定，它并不总是代表出资人——也许你的组织里根本就没有股东，我用“股东”一词来泛指每个人。在平衡板的语境下，每个人都对业务的发展享有相应的权益，每个人的手里都握有一份股份。为了让他们赢得游戏，他们的股份必须具有价值，这是“共赢”理念中的回报层面。

在金融领域，这意味着获得回报（对于非营利组织和政府机构来说，就是以最明智的方式分配支出）。供应商和员工得到应有的报酬，客户和消费者获得他们所期待的服务或产品。回报不仅限于金钱，它可以是地位的象征，如劳力士手表所代表的；也可以是风格的表现，如酒吧所提供的。它还可以是那些丰富你生活经验的事物，这两个例子无疑都是如此。

无论回报的本质如何，每个人都必须得到回报，才能算是真正的赢家。

那么，个人权益又是什么呢？我用“个人权益”这个词来描述每个人对于公平份额的需求。作为人类，无论我们在交易中扮演何种角色，我们都渴望被公平对待，我们不希望感到自己被欺骗。

没有人愿意成为傻瓜，或者成为冤大头，又或者成为受害者。没有人愿意受到欺骗，这不仅仅关乎个人利益，更关乎个人权益。我们是否得到了与他人相同的公平对待？回想一下上次你在交通堵塞时耐心地等待下高速，却看到一辆车在外车道上飞驰，并在最后一刻插队到你前面的场景。当那个司机向你挥手感谢你让他插队时，你心里可能在想：“是啊，我真是个傻瓜！”

在公路上，你可能会容忍这种行为，因为你别无选择。你在他人的沾沾自喜中感受到不公，甚至可能对自己遵守规则的行为感到失望。可以肯定的是，这些都不是你喜欢的感觉。你可能永远不会成为那个不守规矩的司机，但你会尽力避免再次体验那种感觉。在商业领域，这意味着一段关系的终结。个人权益、公平和正义对于任何想要长久的关系来说都至关重要。

要想实现共赢，不仅每个人都需要有胜利的感觉，还需要有这样一种感觉，即其他人的胜利并没有以牺牲他们自己为代价，无论是金钱还是其他方面。平衡你的平衡板不仅关乎价值和价值观，还涉及经济学和心理学。

谈到法则13和平衡板，还有一个重要的议题尚未探讨。在这个利益相关者的需求互相冲突的世界里，你怎样做才能让所有人都满意？当他们的愿望互相冲突时，怎么可能让每个人都开心？面对那些“要么这样，要么那样”的抉择，当两者的期望都要实现，你该如何是好？这时，就轮到法则14登场了。

法则13的启示

那么，我们能从法则13中学到什么呢？成功孕育于关系之中。在任何一个组织里，关系都是错综复杂、多种多样的。**你若想在事业上取得成功，就必须兼顾所有利益相关者的需求。他们必须都感到自己赢了，而且从不觉得自己必须为了迁就他人更大的利益而妥协。**

要实现这样的成果，你首先需要深刻理解**你的利益相关者（包括他们的经济需求和心理需求）、你所处的背景（包括经济、市场、环境和业务趋势），以及你自己（包括你的优势、劣势，以及你改变这些因素的能力）。**

短期内，你或许能通过让他人失利来赢得胜利。就像我们之前讨论的权力问题一样，通过削弱他人，你可以变得更强大。但唯一可持续的策略，正如那位印度酒吧老板所言：“要么共赢，要么全输。”

法则 14

二选一？两者都要

丹麦哥本哈根

如果一个国家的国际影响力是由人口规模决定的，那么丹麦相对于其他北欧国家来说不容轻视。更出人意料的是，丹麦在全球舞台上有着超乎其人口规模的影响力。

从我们的童年到暮年，丹麦的品牌如影随形。小时候我们玩乐高积木，成年后我们与朋友畅饮嘉士伯啤酒。诺和诺德的药物让我们健康长寿，而康乐保的产品则让我们有尊严地老去。马士基的船只和集装箱将我们的货物运往世界各地。

想象一下，那些富有的读者，或许正透过林德伯格眼镜的镜片欣赏着这些文字。他们手中的乔治·杰生酒杯，或许正盛着美酒，而他们那戴着潘多拉戒指的手，正随着邦和奥尔夫森（Bang & Olufsen）音响的悠扬旋律轻轻摆动。

显而易见，丹麦的品牌对我们的陪伴远非昙花一现。它们如影随形，无所不在。丹麦还以其一流的社会福利体系傲视全球。这里的人民既懂得自嘲，又满怀自豪。丹麦不仅被评为全球最宜居的国家之一，更被誉为世界上最幸福的国度之一。

那个清晨，挤在一间小房间里，俯瞰着哥本哈根典型的洁净、自行车如织的街道，实在称不上享受。如果幸福感与社会平等和社区精神紧密相连，那么我当时目睹的场景——营销人员和生产专家齐聚一堂，争论得不可开交，可能会让这种幸福感荡然无存。一开始，大家在咖啡和美味的丹麦糕点的陪伴下交谈得还算融洽，但寒暄完毕，团队便迅速进入了正题。

他们聚集在一起，是为了商定一个前进方向，而我的角色更像是个调解者——或许用“裁判”来形容更恰当。我们之前已经讨论过目标和激励机制引发的问题，而在营销与生产部门之间的目标和激励机制对立尤为突出。

无论如何衡量，营销人员的目标总是与市场渗透率紧密相连。他们追求的是我们之前在法则12中提到的“亲密度”。他们识别出多个细分市场，需要通过多个渠道和产品来“定制化”他们的提案。而对于生产人员而言，效率才是王道，亲密度则退居其次。他们致力于简化流程，控制成本是他们的本能。

营销人员试图向那些“沟通无碍却销售无门”的生产人员阐述市场需求，而那些精明、分析能力强的生产人员则试图约束那些“外表光鲜却对成本一无所知”的营销人员，后者似乎对成本毫不在意，以为产品不过是从打印机里滑出来的PowerPoint（演示文稿）。

在组织的世界里，我们经常面临一种“一方面，另一方面”的困境，而这两种立场具有同样的吸引力。营销（销售）和生产是商业作家阿特·克莱纳（Art Kleiner）所说的炒作文化与工匠文化冲突的极端代表，但这两个部门的情况也适用于其他所有部门。每个组织中的每个部门都有自己的对立面，且关注点和目标似乎都与自己的对立面相悖。把这些部门的人聚在一起，你就能想象出我那天参加的那场“特色会议”了。

根据我的经验，这些会议通常会一直进行，直到每个人都意识到他们要参加的下一个会议快要迟到了，于是在营销的需求和生产的要求之间形成了一个折中方案。没有人对此满意，但至少每个人都松了口气。

这次的情况有所不同，会议进行到一半时，一位高级执行官走进了会议室。她听了一会儿对话后，被一位参与者质问。他的问题很简单：“一方面，我们营销部门的目标是实现X；另一方面，生产部门的目标是实现Y。这两者是相反的。你可以选择X或者Y。那么，你想要哪个？哪个对你来说更重要？”

她的回答成了我们的法则。你可能已经猜到了，她说："我两个都想要，因为这两者我们都需要。"她进一步补充说："我们设定你们的目标，不是为了让你们相互对抗，而是为了明确你们的专长，并强调作为各自领域的专家，只有你们才能想出'两者都要'的解决方案。"如果她再加上一句"那么现在回去工作吧"，听起来就像好莱坞剧本了！

对于那些已经在会议室里熬过了一个小时的唇枪舌剑的人来说，这个要求听起来不仅不切实际，而且简直就是疯了。但对于那些渴望成功的人来说，这正是他们要采取行动的信号。

追求"两者"并不是要各取一半，也不是先拿一点这个再拿一点那个。追求"两者"就是要追求全面的胜利。"两者都要"是面对"要么这个，要么那个"问题时的唯一正确答案。这就是我们所说的法则14。

让我们从现实而不是理论的角度来探讨这个问题。当那位高级执行官向在场的人宣布她想要"两者"时，她实际上是在说些什么呢？她只是在强调，要想取得成功，他们的业务必须用最低的成本吸引最多的客户。那种"不管成本多少，我们都要吸引最多的客户"的说法，不会让我们那摇摆不定的平衡木保持平衡太久。同样，如果成本压得太低，我们的产品也难以吸引任何人。

我们的营销和生产团队的问题在于，他们没有去想象

“两者”究竟会是什么样子。他们只是将X和Y看作水火不容的对立面。这就是为什么咨询师们总是钟爱那些二维矩阵，而正确的答案总是出现在矩阵的右上角。

如果你把X和Y看作一条直线上的两端，那么中间点似乎是解决“两者都要”这个难题的唯一方案。但如果它们是极端对立的，它们就不可能相遇。你的解决方案本质上总是折中的，而且默认为一种妥协。然而，妥协永远无法真正满足任何一方的要求。

但如果你将X和Y看作二维矩阵的两个轴，不管你是不是商业领域的专家，你都知道逻辑上的答案就在右上角。那是最理想的解决方案。你想要的不仅仅是X的一部分，也不仅仅是Y的一部分——你想要的是X的全部，加上Y的全部。

这就是创新诞生的地方。创新，说得直白些，就是那些因为忙于妥协而无暇他顾的人所未能触及的领域。结果，许多企业最终制造出的产品平庸无奇，它们以中等成本吸引着中等数量的客户。这些产品是妥协的产物，服务于那些愿意妥协的人，而一旦那些人有了更好的选择，就会毫不犹豫地放弃妥协。

那么，解决之道在哪里？根据我的经验，企业中不乏拥有聪明才智的人，他们全力以赴，既为企业也为个人谋求最大利益。那么，为何“两者兼得”的思考如此之难，对于许多人来说，为何提出解决方案几乎是不可能的任务呢？

我的朋友冯斯·琼潘纳斯（Fons Trompenaars），这位全球文化领域的权威，毕生都在研究各种困境。他在这一领域的开创性工作足以写成几本大部头（更别提在我的书中占据一章了）。从根本上说，他认为我们在调和对立面的问题上遇到的困境源于我们的文化规范。文化就是我们解决困境的手段。因此，当我们与来自不同工作文化、国籍、背景的人共事时，很难超越自己的极端观点这一现象也就不足为奇了。

要实现“两者兼得”的解决方案，我们需要以某种方式剥离我们对话中的情感和文化偏见。成功创造出一种全新的对话方式。

让我给你举个例子，来说明我们如何才能超越冯斯所说的“OOH-OOH（一方面，另一方面）命题”。我希望这个例子尽可能远离商业，以免我们被任何既有的成见所束缚。

当我们决定携手步入婚姻的殿堂时，凯瑟琳和我也像其他情侣一样，开始憧憬我们的蜜月之旅。幸运的是，我们的职业生涯让我们有机会游历了无数的国家和城市。但在我们心中，有一座城市始终占据着特别的位置——纽约。

凯瑟琳曾在纽约生活，我们也是在纽约订的婚。一有机会，我们就会飞越大西洋，去我们钟爱的酒店，探访那些熟悉的角落和餐馆，在这座我们深爱的城市中悠然漫步。然而，即便纽约似乎是最合乎逻辑的选择，我们还是希望我们的蜜月是一次特别的探险，让我们有机会发现未知的新奇。

有一个国家我们两人尚未有机会探访，那就是日本。日本似乎是一个完美的目的地。这将是一个我们能携手探索的全新世界——体验一些真正新颖的事物。当然，冒险总是伴随着风险，我们可能会发现那里并不符合我们的期望，但正是这些未知和冒险让生活充满乐趣。或许，日本正是我们度蜜月的理想之地。

因此，我们面临两个选择：一边是纽约，一个我们确信能带给我们非凡体验的繁华都市；另一边则是日本，一个承诺将带给我们全新体验的异国之地。在这两个截然不同的选择面前，我们该如何做出决定？

如果我们采取营销和生产团队的策略，我们可能会发现自己正凝视着一张地图，陷入沉思。在这张地图上，纽约位于最左侧，而日本位于最右侧。高管通常会寻找一个折中方案，试图找到一个平衡点。他们可能会考虑分阶段实施计划。比如，在纽约度过几天，然后再转往日本享受几天，这听起来似乎是个不错的折中办法。然而，这样的安排不仅可能导致我们的蜜月预算严重超支，还意味着我们无法充分沉浸在任何一个目的地的独特魅力之中。

或许他们会选择一条中间道路，最终停留在伊斯坦布尔。千万别误会，伊斯坦布尔是个绝妙的地方，这座城市拥有迷人的风光和热情的人民。但这样的选择终究是一种妥协，它既不能满足像我们对纽约那样的期待，也无法满足像我们对日本那样的憧憬。

问题在于，我们仍然陷入了“非此即彼”的思维模式。我们忙于寻找摆脱困境的方案，却忽略了探究陷入这样困境的原因。为了打破这种思维定式，我们需要客观地列出两个极端情况——在我们的例子中，就是两个目的地的所有优缺点。这样，我们就能思考如何让双方的优点得到最大的发挥。

简单来说，凯瑟琳和我都同意，我们想要的蜜月必须确保我们都喜欢。它既要有熟悉的感觉，能够唤起我们共同的回忆；又要充满冒险，能因为我们从未体验过而带来刺激感。

在仔细权衡这两个极端选项的利弊之后，我们开始超越这些局限。我们现在真正领悟了“两者都要”的深层含义。当然，在详细列出每个极端选项的优缺点时，你可能会发现自己对其中一边的偏好远远超过了另一边。只要你勇敢且客观地完成了这项分析工作，这完全没有问题，因为这意味着你已经不再陷入选择的困境，相反，你已经为自己做出了明智的决定。

如果两个极端选项的优缺点几乎势均力敌，那么你实际上已经改变了问题的本质，这也是比较理想的状态。在我们度蜜月的例子中，问题不再是“我们是选择浪漫而熟悉的事物，还是选择不同寻常的冒险”，而是“如何让熟悉的东西变得新奇，如何让浪漫的事物充满冒险”。

那么，究竟什么是最佳选择呢？我们都在寻找一种前所未有的冒险，而目的地也必须恰到好处。我们从未横渡过大西洋，当然，我们指的不是那些疯狂的帆船或划艇横渡——那种属于体育健将的冒险并不符合我们的口味。我们选择了一种更为优雅的旅行方式：登上玛丽皇后2号，开始我们的纽约之旅。这个方案让我们鱼与熊掌兼得，无须任何妥协。甚至在船上，我们还品尝了寿司！

我的朋友冯斯，一位全球文化领域的权威，他会告诉你：如果答案总是显而易见，那么每个人都能轻易成功，平庸也就无从谈起。每个人都会取得成功，摇摆不定的平衡板也会自然而然地找到它的平衡点。法则14的精髓在于，探寻“两者兼得”的解决方案，而不是被极端情绪所左右，我们可以开启更有建设性的对话，推动自己不断向前发展。我在哥本哈根的会议虽然起初遇到了一些困难，但通过将寻找折中方案的任务转变为对每个立场优缺点的客观评估，团队最终实现了和解。他们不仅达成了共识，还创造了一些新的东西，使两个团队都从中受益，并且在这样做的过程中，确保了结果顺利和快速地达成。他们没有选择平庸，而是选择了卓越。

你可以依靠成为“妥协大师”来谋生，这么做甚至会使你在短期内取得一些成就。人们可能会因为你让他们的日子变得更加轻松而向你表示感谢。但是，**真正的成功是那种能够超越妥协、捕捉新机遇的成功。如果你想要在竞争中脱颖而出，就需要有独到之处。**平庸往往隐藏在中庸之道中，而真正的成功从来都不是中庸的。它位于那个令人向往的右上角高地！要想攀登到那里，你需要洞察并克服自己的偏见，这一点我们已经讲过，同时，你还必须勇于挑战自己的假设，正如我们将在法则15中进一步探讨的那样。

法则 14 的启示

法则14给我们带来什么启示？任何组织都是由一系列“一方面，另一方面”的命题构成的。无论是在摇摆不定的平衡木上寻求立足点，还是在日常工作中摸索解决方案，组织生活中总是充斥着左右为难的困境。而真正的成功秘诀，就在于能够巧妙地将这些极端的命题融为一体，催生出一项创新的解决方案。

要迈向成功，关键在于放下那些深植于心、带有情感色彩的偏见。通过深入挖掘每个极端立场的积极因素，我们可以学会将它们的优势融合，打造出一个全新的解决方案。能够从两个极端中汲取精华，这无疑是向前跨出的一大步。相反，仅仅为了追求表面的折中而妥协，实际上是一种倒退。

当然了，你总是可以选择非此即彼，或者寻找一个巧妙的妥协之道。这或许能帮你暂时摆脱尴尬的会议，但这种妥协往往只是暂时的解决方案。在组织中，你的职位越高，就越有可能不自觉地走向平庸，甚至走向极端。然而，**当你召集合适的人才，给他们一个解决“非此即彼”问题的平台，你就为创新和成功铺平了道路。在这个充满灰色地带的世界中，面对任何“非此即彼”的问题，我们的答案永远是“两者兼得”。**

法则15

万用答案："视情况而定"

土耳其伊斯坦布尔

我清楚自己的定位，扮演詹姆斯·邦德（James Bond）这种事，我连做梦都不会想到。国籍、口音、名字、体型，我没一样符合。但这并不妨碍我偶尔过一把特工瘾。

第一次是在我从吉隆坡的研讨会飞回伦敦希思罗机场的时候，一位CEO派了架私人飞机来接我，要我去西班牙参加他的会议。对方工作人员和我说"飞机随时待命，先生"，这种待遇我可是头一回体验。

第二次是和英国作家、前军情五处处长斯黛拉·里明顿（Stella Rimington）女爵士同行回国，我们曾在中欧同台演讲。边检人员轻声细语地对她说"欢迎回家，夫人"，这一幕我同样是头一次见。

不过，要说真正让我感觉自己穿越到了老派间谍电影里，还是在伊斯坦布尔的那个清晨。我在一间可以俯瞰雾霭沉沉、波澜壮阔的博斯普鲁斯海峡的房间里，随着祷告声拉开窗帘，这种体验让人难以忘怀。它仿佛一把将你拉回到20世纪50年代。

如果你有幸像我那天一样下榻希尔顿酒店，那场景就完美了。这家建于冷战高潮期的、美国境外历史最悠久的酒店，是往昔岁月的一座丰碑。酒店的墙上挂着曾踏足这里的名流显贵的照片，它们背后的故事比酒店所处的那片广袤的绿洲还要深沉。置身这样的环境，就仿佛身处詹姆斯·邦德的电影中。

正如我之前提到的，我是伊斯坦布尔的铁杆粉丝，我钟情于它的美丽、文化，尤其是它的人民。我的土耳其朋友总是那么慷慨、热情、温暖，而且极其有趣。

那天，我正与一家科技公司的高管一起讨论。他们正在规划未来，而我则要分析这些计划对组织的潜在影响。

公司蒸蒸日上，讨论也进行得如火如荼。组织的成功带动了团队的成功。我很高兴能参与到一个描述企业处于上升阶段故事的构思中，而不是去改写一个衰败的故事。

这个团队最引人注目的是他们长久的合作历史。在快节奏、高增长的组织中，团队成员往往变动频繁。然而，这个团队却像一个家庭，团队成员共事了很多年，他们共同成长，共同提升，像家人一样，几乎能感应到彼此的心思。他们能读懂对方的沉默，能解读对方的肢体语言，甚至能接上对方未说完的话。只是这一次，有两个团队成员却怎么也搞不懂对方。

问题其实挺直接的："十年后，数字广告中会有百分之几是通过移动设备观看的？"大家的回答都很干脆，一部分人说20%，另一部分人说70%。他们看法不一，这并不奇怪，也不是什么大问题。这个团队向来各执一词，这正是他们的强项。但让他们分歧如此之大的原因倒让人摸不着头脑，在他们共同的记忆里，还从未出现过这么大的分歧。

但这些答案真的代表了实质性的分歧吗？正如我们在上一章讨论的，答案会不会是"两者都是"？这种可能性不大。我们并没有陷入一个必须二选一的困境。我们面对的，是需要提出一个明确的命题的情况。

我们的高管们可不是在乱猜，也没人让他们凭空捏造数字。他们是根据自己的知识、经验和手头上最好的数据来给出意见的。考虑到每个人的知识、经验及他们掌握的数据都有所不同，答案存在差异不应让我们太过担心。如果团队成员不能带来多样化的视角，那么团队的存在还有什么意义？问题在于，为什么差异会这么大呢？

很快，我们就发现产生分歧的原因并不在于他们给出的答案，而在于答案背后的假设。当被问及"十年后，数字广告中会有百分之几是通过移动设备观看的？"这个问题时，他们对"数字广告"和"移动设备"的理解大相径庭。他们在计算时考虑了不同的因素。当这些定义上的差异被澄清之后，大家就迅速达成了共识。

但如果他们的答案差异没那么悬殊，这些潜在的差异还会被摆上台面吗？这个问题的答案关乎成败。**只有挖掘、质疑、记录、审视和修正我们的假设，我们才能确保一直获得成功。**

假设是我们日常生活的基石。毕竟，我们无法预知下一分钟会发生什么，所以我们总是基于假设行事。我们之所以认为某些事情是真实的，不仅是因为我们必须这么做，更是因为我们相信它们很有可能是真的。总的来说，我们假设明天地球还会像今天一样转动，哪怕我们的个人世界可能正在经历翻天覆地的变化。

简而言之，假设帮助我们维持日常生活的运转。但如果我们能够明智地运用它们，它们也能成为成功的助力。

我们之前已经探讨过了，竞争优势如同流星划过夜空，转瞬即逝。我们也讨论了，将自己与他人相比较是多么狭隘。我们质疑了那个错误的信条——成功就是战胜他人。我们发现，**要想保持成功，唯一的方法就是以超越变化的速度学习。**而这，正是假设能助我们一臂之力的地方。

当我们大胆假设时，我们其实是在对未知的未来下注。比如，我们预测10年后，20%或70%的广告将是通过移动设备观看的。如果真实情况是70%，而我们却只准备了应对20%情况的方案，或者反过来，那我们就陷入了困境。我们的假设不够周全，导致我们的计划漏洞百出。这样的结果，当然算不上成功。

诚然，集思广益能提高我们做出正确假设的概率。但假如会议室里的每个人都陷入了相同的思维误区呢？毕竟，团队中的从众思维是个不容忽视的问题。这正是我们需要持续修正假设的原因。不断地回顾和审视我们的假设，意味着要自问“我现在掌握了哪些当初做假设时未曾知晓的信息”或“以我现在的了解，有没有哪些信息与我之前的假设紧密相关”。这些问题推动我们不断学习，它们激发我们产生新的见解，从而引导我们制定新的计划。

谈及土耳其团队的成功，我们发现问题并不在于他们给出的答案、所做的假设，也不在于这些答案和假设之间的差异。真正的问题在于，他们的假设一直秘而不宣。

正是这些秘密——那些被隐藏或打算被隐藏的假设，让原本应该被认为是事实或确定会发生的事情，变成了猜测，即在没有足够的信息来确保正确的情况下形成的一种估计或结论。那些被保密的假设无法受到检验，无法被修正，也无法激发任何新的见解。

正如“秘密”一词的定义所暗示的，事物之所以不为人所知，通常有两个原因：一是遗漏，二是欺骗。

欺骗实属罕见。根据我的经验，人们很少对他人隐瞒自己的假设（至少在团队或组织内部是这样）。在试图影响他人的过程中，人们可能会突出某些假设而忽视其他假设。我们都见过那些包含两个极端主张的商业计划，其目的是引导决策者得出一个理想的中间结果。但总体而言，大多数假设之所以成为秘密，更多是因为被遗漏，而非被故意隐藏。

有时，人们可能不愿意明确表达自己的假设，担心一旦出错就可能带来不良后果（如果正确运用我们的“看见与被看见”原则，这将不再是问题）。

更常见的情况是，人们要么没有意识到自己正在做出假设，要么认为这些假设并非决策的必经之路，因此选择不加陈述（这有点像在学校时，你只展示数学题的答案而不展示解题过程，认为答案对老师来说更为重要）。

我们越是精通某件事，就越容易忘记自己所做的假设。这就是为什么父母在教孩子开车时往往表现得不佳。我们无法进行有效教学，因为我们无法将我们所掌握的知识分解成一系列假设。我们已经达到了一种无意识的熟练程度。但我们的孩子无法从中学习，因为“就是这样，因为它就是这样”这样的说法并没有提供任何解释。

有些对于我们来说显而易见的事情，是我们从未透露的假设所导致的。我们之所以从未透露这些假设，要么是因为我们对此已经习以为常，以至于甚至不再意识到它们的存在，要么是因为我们简单地认为其他人也拥有同样的假设。

我们都需要化身为侦探，挖掘那些深藏在我们自身、我们的团队和我们所处的组织中的秘密。

在伊斯坦布尔的那一天，我找到了实现这一目标的最佳方法。我为整个研讨会提出了一条法则，团队随后将其采纳为他们的工作模式，我将其作为法则15纳入此处。这条法则是，在面对任何需要回应而非选择的问题时，唯一恰当的答案是“视情况而定”。

法则 15 的启示

我们的每一个决策都基于一套假设。只有将这些假设明确化，我们才能从中学习；只有持续监控这些假设，我们才能调整计划；只有修正那些基于错误假设的计划，我们才能取得成功。

问题在于，大多数假设都未曾被明确表达。这可能是因为我们甚至不再意识到自己正在做出这些假设，又或者是因为我们想当然地认为其他人都有相同的假设，因此我们很少将它们分享出来。

要想取得成功，我们需要探究支撑我们决策的基础，并将团队中潜藏的、相互冲突的假设带到明面上来。通过用“视情况而定”来回答每一个问题，我们确保自己探索了问题中所包含术语的定义和我们答案中所包含的假设。这样做不仅能确保我们的决策更加全面，还能避免让误解破坏决策的执行。

法则 16

领导即选择

澳大利亚墨尔本

我一直不明白，为何某些片段能在我们心中留下深刻的印象，而其他的记忆却如同晨雾般消散。童年的岁月里，我们经历了无数的瞬间，目睹了无数的景象，聆听了无数的声音，究竟是什么让某些记忆得以永存，而另一些却悄然无踪？

我耳边依然回荡着他的声音，他的面容在我脑海中依旧清晰，我甚至能够想象出他的举止，然而他的名字却像一缕轻烟，从我的记忆里悄然溜走。无奈之下，我只好向妹妹求助，以便我能准确回忆起本纳德先生——我12岁时的历史老师。

尽管我已淡忘了本纳德先生教授的许多史实和数据，但我依然清晰地记得他带领我们探访他主持的考古挖掘现场——阿利圣雷恩镇，那是尤利乌斯·凯撒（Julius Caesar）在高卢战争中的关键征服地之一。我依旧记得，当我意外发现一堵墙一样的遗迹时那种激动的心情，我曾误以为那是宫殿的一部分。同样，我也记得，当我得知自己实际上发现的是罗马公共厕所时，那种深深的失望。

本纳德先生常挂在嘴边的那句话，以及他向我们这些学生传递的信念，在我心中留下了不可磨灭的印记。“总有选择的余地”，他总是这样告诫我们，“所以当你声称自己别无选择时，你的真正意思是：你不愿去面对那个你明知应该做出的选择，和承担这一选择所带来的代价。”

我始终不解，一个12岁的孩子为何会将这句忠告铭记于心，而忽略了其他事情。在许多关键时刻，我视它为智慧的灯塔，在无数场合，它成为我衡量领导力的准绳。在墨尔本的那一天，这句话又一次在我脑海中回响，我目睹某人为了做出许多人没有勇气做出的选择而付出了沉重的代价。

这是我们在澳大利亚的最后一晚。我和凯瑟琳在城中心的商业区享用晚餐，庆祝花费我们数月心血的研讨会圆满结束。我们决定在启程回家之前，好好犒赏自己一番（如果澳大利亚的客户正在阅读这段文字，请注意，这完全是我们自掏腰包）。

我们邻桌坐了六位男士，他们似乎在庆祝某笔交易的成功。桌上堆满了菜肴，空酒瓶也随处可见，显然这笔交易对于他们来说是个好消息。我们对他们的行业和所属组织一无所知。我们并非有意窃听，但他们谈话的声音太大，让人难以装作听不见。

在详尽回顾了他们刚刚参加的会议之后，他们开始讨论起组织内部的种种问题。最终，话题转向了最新的人事任命。其中一位男士发表了评论："伙计们，我们都心知肚明她得到这份工作的原因。你们都知道，他们多年来一直渴望在高管团队中增加一名女性。"

正当他的同事们点头窃笑时，其中一位男士站了起来，声音洪亮地说道："这太粗俗了，这是不可接受的。我不敢相信你们还在相信这种无稽之谈（说到这里，他还爆了一句粗口）。她得到这份工作，坦白说，是因为她的能力远超我们所有人，任何性别歧视（他又爆了一句粗口）都不能成为你们未能晋升的借口。她在新职位上会表现得非常出色。你们心里清楚，我也清楚，即便你们不愿接受这个事实。我要走了，我会在离开时支付我的那部分账单。"

当反抗性别歧视的行为罕见到成为新闻时，这本身就是一种悲哀。然而，当这种选择的代价是被排斥于群体之外时，很少有人有勇气承担这样的后果。这就是为什么大多数人会选择旁观。一些心胸狭窄的人会认同这种观点，一些软弱的人需要与之合谋，但大多数人只是不愿意为做正确的事情付出代价。**人们对归属的需求往往超过了对正确或公正的追求。**

墨尔本的故事，是一个关于领导力的故事。它讲述了做出正确选择而非盲从或妥协的重要性。这个故事揭示了一个真理：选择不作为，即选择无为。它还向我们展示了决策的内在机制，揭示了影响决策难易的两个关键变量。

一是具备识别正确选择的能力。在这种情况下，认识到反对性别歧视是正确的并不困难。二是知道这一选择背后的代价以及我们为之付出代价的意愿。在这种情况下，必须接受的代价是被排斥在群体之外的。决策不仅需要正确的分析，还需要有做出正确选择的内在力量。让我们逐一探讨这两个问题。

在进行正确的分析时，随着决策焦点的变化，决策的难度也会随之增加。

一些决策往往与行动紧密相连。在墨尔本，那些商界精英为了他们刚刚达成的交易，必须作出一系列关键决策。他们需要决定：如何给销售的产品定价、邀请谁来参与提案、动员哪些人来交付产品或项目。

在应对“做什么”的决策时，真正的挑战在于确保团队不仅具有进行深入分析的能力，而且拥有足够的自主权去实施这些分析。如果做不到这一点，那么每个决策都将不得不上报，这将导致决策过程既低效又缓慢。**成功的关键因素包括：能力（是否配备了进行分析的必要工具）、标准（团队成员是否都清楚成功的目标是什么）和授权（是否能确保正确的人**

拥有做出决策的权力）。这一点非常重要，因为按照理想的设计，只有那些棘手的决策才应该上升到领导层面。如果你发现自己经常需要处理许多简单的有关“做什么”的决策，就可能意味着你周围的人缺乏必要的能力，或者你自己在分派任务给他人方面存在不足。

在确定了“做什么”之后，我们还需面对有关“如何去做”的决策。这些有关“如何去做”的决策，关键在于提升组织内部的实力。为此，要思考我们是否配备了恰当的人才、流程、文化和焦点。

比如，“我们如何在文化中消除性别歧视”就是一个关于“如何去做”的决策，这是与我们共餐的伙伴所在的组织迫切需要解决的问题。而“我如何通过自己的行为，来示范理想文化中所需的行为模式”则仅是他们中的一个人认为自己有能力去作出的决策。

分析有关“如何去做”的决策往往比分析有关“做什么”的决策更加复杂。尤其是当我们致力于重新构思组织时，可能性是无限的。成功的关键，在于突破现有的知识和实践。有效的分析，关键在于建立足够的组织内和组织外的联系，以探索我们所有可能的选择。

不了解“我们可能成为的样子”，就无法改变“我们现在的状态”。为了发掘更多的选择，你需要对你职责范围之外的事物保持关注。你需要对你所在市场之外的事物，保持与你对市场内部事物同等的好奇心。

在经过深思熟虑的分析，确保做出正确选择之后，我们现在需要深入探讨决策背后的代价。那么，这些代价包含哪些变量呢？

任何决策的成本都可以用硬性和软性两种货币来衡量。硬性货币通常体现在金钱、时间、质量和实施所选方案必需的资源上。为了作出决策，我们需要回答诸如需要多少资源、需要多长时间、要达到怎样的质量，以及谁将负责执行之类的问题。而软性货币则关乎决策失败所带来的后果。如果做出了错误的选择，我们可能会在薪酬、职业发展、晋升机会、个人声誉等方面付出怎样的代价？

在评估选择的代价时，我们必须确保自己和周围的人对我们承担做出选择所带来的硬性和软性代价的能力抱有信心。若非如此，我们可能会一直倾向于选择次优方案。我们可以通过多种方式来确保他人感到自己有足够的资源，能够承担起他人决策的后果。

首先，我们需要明确每个人可以掌握的硬性预算。在设定标准时，关键是要清楚地认识到组织愿意承担的成本和它准备接受的损失额度。如果人们不清楚自己能够承担的风险范围，他们可能就会选择完全不冒险或过度冒险。

其次，我们必须为决策的软性代价提供保障。我们应当通过自己的行为来树立榜样，展现出我们期望他人遵循的行为模式。当决策者的合理决策最终未能如愿时，我们应当勇于承担相应的后果。同时，我们也应当公开质疑那些出于一时的便利或轻松而作出的错误决策。

当我们探讨为自己的选择承担后果的能力时，我们必须铭记，这些决策的代价常常涵盖了我们在墨尔本目睹的潜在排斥成本。我们作出的决策，尽管可能不直接改变涉及的个人，却无疑会改变他们的工作方式和行为模式。

基于我的经验，任何触及组织内部人事层面的决策，往往只有少数领导者愿意承担其代价。许多人宁愿无所作为，也不愿付出过高的代价。

因此，我们必须牢记，我们的职责不在于取悦每个人，而在于锻炼他们的力量和能力。**领导的真谛在于坚持正道，而非选择安逸；在于奉献，而非追求众人的追捧。**在这个意义上，决策不单是挑选行动方案，更是我们为组织确立基调时所倾注的意图与决心。这关乎我们因坚守原则而被人铭记，而非因对不当行为的默许而给人留下不好的印象。

在墨尔本共进晚餐的经历教会我们，面对决策时，虽然理性分析能够引导我们得出结论，但真正推动我们去执行的，是情感上的坚定。培养韧性去执行那些可能不被普遍接受的决策，意味着要回顾我们之前所坚持的“做什么”。如果你不愿意做出艰难的选择，那么你的价值何在？当你无法展现自己的力量，你又怎能期待他人付出额外的努力？如果你不去做你认为正确的事情，你将树立什么样的道德榜样？

法则1告诉我们，你拥有可以成功的潜力。然而，要将“可以”转变为“必将”，关键在于即便面临高昂的用人成本，你仍有能力作出明智的决策。坚持做正确的事从来都不是一件易事——这也是为什么在六位共餐者中，只有一位能够真正做到。如果没有足够的智慧去选择正确的道路，就无法持续作出正确的决策。本书的最后一部分，旨在为你规划这条道路。它包含的四条法则，旨在帮助你深入挖掘成熟高管背后的成功原因。

法则16的启示

随波逐流得来的人气，往往只是盲目跟风，并非真正的领导风范。真正的领导者会坚持正确的方向，哪怕这意味着个人要付出代价。在决策的舞台上，要想获得成功，我们必须培养两项核心能力。

第一项核心能力是分析和构建概念的能力，它赋予我们洞察各种选择的智慧。我们在决策时越是深入探究行动方式及其背后的动机，我们面前的选项就越丰富多样。

第二项核心能力是承受正确选择所带来的代价的能力。当这些代价更多地影响到人际关系而非仅仅是财务数字时，决策的难度就会大大增加。毕竟，谁也不希望成为被排斥或被孤立的对象。

为了培养出足够坚韧的品质，以便在关键时刻做出正确的选择，我们需要一个坚定的道德指南针和一颗慈悲心。前者会让我们避免不顾一切地盲目追求人气；后者则会守护我们，使我们不至于仅仅因为某事流行就去做，而是坚持做正确的事情。

为何你能成为领导者

2009年，一段TED[①]视频意外走红。

这段视频之所以与众不同，是因为与那些在达沃斯论坛上精心为科技爱好者和时尚人士准备的内容相比，它显得格外粗糙。没有为演讲者准备的红色圆圈[②]，没有精致的视觉效果，没有高科技的遥控器。虽然有预录的掌声，但对于一个看起来像是在酒吧后屋录制的视频来说，掌声显得过于响亮和频繁。

视频以紧凑的视角拍摄，画质像是手机拍摄出来的，一个年轻人卷起袖子，站在白板前边画边讲，带领着看不见的观众穿梭于一系列圆圈之中。或许是视频的自制和业余感吸引了人们，就像一场音乐会的盗版录音激发了人们的想象力。但这并不足以解释这场特别的TED演讲的魅力。

我更愿意相信，是那位年轻人所描述的模型的简洁和优雅，俘获了TED观众的心。任何模型都是对一种情境的概念化。情况越是复杂和多面，我们就越渴望清晰和简单。

西蒙·西奈克（Simon Sinek）的TED演讲之所以具有启发性，在于他将复杂的战略话题变得简单而又直接。

他指出，大多数组织都专注于如何做和做什么，他们知

① TED由technology、entertainment、design的英文首字母组成，即技术、娱乐、设计。TED大会是由美国一家私有非营利机构组织的演讲会，邀请科学、设计、文学、音乐等领域的杰出人物分享他们的思考与探索。

② 红色圆圈指的是在准备充分的演讲现场，主办方为演讲者准备的演讲区域，这一区域为舞台地面上的红色圆圈。——编者注

道自己制造的是什么、如何制造，但在创新和适应能力上受到限制。他们首先考虑的是“做什么”和“如何做”，最后才考虑“为什么”。如果他们从“为什么”出发，再到“如何做”和“做什么”，那么一系列新的可能性就会向他们敞开。

这个观点实际上是对几十年前销售人员所学内容的升华。销售人员早前学到的是，要销售产品能给消费者带来的好处，而不仅仅是产品的特性——“没有人真正购买电钻，他们购买的是一个洞”。西蒙·西奈克进一步发展了这个观点，指出实际上没有人会购买一个洞，他们购买的是一种生活方式——无论是一幅画、一台新电视，还是那个传说中的洞被设计来容纳的任何其他东西。

这场演讲最终被写成了一本书，西蒙·西奈克一跃成为管理界的明星，而“寻找目的”也演变成了一个价值连城的咨询领域。

那么，如果这个模型如此精妙，为什么我会选择用“为何你能成为领导者”来结束这本书，而不是用它来作为开篇呢？原因有二。

尽管我崇尚简洁，但绝不流于肤浅。这个模型虽然颇具美感，却未能充分展现各元素间的互动，这恰恰制约了它所追求的潜力释放。“为何你能成为领导者”“如何成为卓越的领导者”“何为领导力”之间远非线性关系所能描述。

西蒙·西奈克著名的三个圆圈模型本不应是同心圆。“为何你能成为领导者”“如何成为卓越的领导者”和“何为领导力”更像是维恩图的三个重叠部分。

思考一下你的职业生涯，是“为何你能成为领导者”“如何成为卓越的领导者”，还是“何为领导力”推动了它的发展？我猜三者都有份。正如我在本书第一部分的引言中提到的，你可能是从“何为领导力”起步的，也可能是通过对“如何成为卓越的领导者”的理解来塑造你的“为何你能成为领导者”的。比如，你对学习的热情可能引导你做出了某些选择。在某个时刻，你也考虑过职业吸引力背后的“为何”。无论你做了什么，你从未有意识地按顺序经历过这三个阶段，即使你尝试过也不可能。

以“为何你能成为领导者”结束并不逊色于以它开始。我们只需要在某个地方意识到它即可。

但在你认为我像个任性的孩子，出于某种错位的嫉妒，而做出与更成功的作者和顾问相反的建议之前，你应该知道，我主张以“为何你能成为领导者”结束还有第二个原因。

那就是**近期效应。我们倾向于将近期事件视为未来的征兆（最近偏见），这并非好事；但我们也能很好地记住我们最后听到的内容（最近效应），这对我们取得成功是有利的。**

探究行为背后的动机是一个复杂而微妙的议题。其复杂性在于，我们的价值观和习惯不断变化，难以把握。而它的微妙之处在于，深入理解我们行为的“为何”需要深刻的自我反思，这迫使我们去质疑自己所扮演角色的真实性。我们往往更倾向于关注成功的方法和目标。然而，尽管面对“为何”可能会让人感到不适，它却是决定你所追求的成功能否带来预期结果的核心要素。

本书的最后一部分揭示了一套关键法则，它们将决定你有资格对自己是否成功进行自我评价。在某种程度上，西蒙·西奈克传达了一个深刻的道理：“为何”不仅是评价个人价值的重要标准，也是衡量生活充实度的内在尺度。我们应当关注的不只是“何为”和“如何”，还有“为何”。或许，正是这个简洁而深刻的洞见，让那段标志性的视频得以迅速走红并广为流传。

法则 17

知足胜于贪多

法国巴黎

我本不该出现在巴黎。

我的生命中充满着种种奇异的经历。我曾踏入一些出乎意料的场所，见证过人类生存的极端境遇。我曾在中东与王室成员并肩而坐，在印度的贫民窟和南非的城镇区徜徉。我在城市中误打误撞，却意外地步入了本不该涉足的街道；我在飞机上随意转弯，却意外地落座于本无法负担的座位。我曾抵达一些童年时从未敢想的地方。我曾心生恐惧，也曾陷入忧伤，我曾怒火中烧，也曾满心欢喜，但我从未感到自己格格不入。

然而，在踏入丽兹酒店的大门时，我却感到一切都不对劲。我在巴黎，但这并非我心中的巴黎。

我出生在一个属于法国铁路的住宅区。我的父亲是一名火车司机，母亲是一名家政工。我们并非镇上最贫困的家庭，但也不是最富有的家庭。我的父母工作出色，确保我和姐姐能过上更好的生活。他们辛勤工作，只为让我们不必付出更多的艰辛。

我的祖母常挂在嘴边的一句话是："我们的工作或许不是顶尖的，但这绝不能阻碍我们成为各自领域的佼佼者。"我的父亲曾担任法国著名高速列车的试验司机，现已光荣退休；我的母亲通过在夜校里不断学习，最终在法国税务办公室担任审计员。如果他们在美国，他们的生活无疑是美国梦的完美体现。

铁路工作的一大福利是为直系亲属提供免费旅行的机会。我和姐姐的童年几乎都是在火车上度过的。最令人难忘的当属父亲驾驶火车时，我们可以坐在火车的最前端。这些火车通常是去巴黎的，每年至少一次，总是在我们需要添置衣物的时候启程。

我们所去的商店与旺多姆广场的名牌店相去甚远，那里是丽兹酒店的所在地。我们去的是打折服装零售店Tati，这是一家位于蒙马特山脚下巴伯斯区的法国老字号。我们非常喜欢那里，更重要的是，我们喜欢看父亲讨价还价。他是还价的高手，我们因此从未按标价付过款。无论如何，由于我们不需要支付交通费，这些衣服最终买到手的价格比我们在家乡买到手的价格还要便宜，而且对于我们来说，在这里买到的衣服比在世界上任何地方买到的衣服都更合心意。

我印象中的巴黎是肮脏、有异味、充满活力且喧闹的。旺多姆广场则不是，它井然有序、干净、宁静、宏伟且历史悠久。它很美，但它不是我的巴黎，所以我感到格格不入。我正在参加一个客户公司的团队建设活动。这不是一次普通的“一起做饭”的团队建设活动，这家公司还邀请了世界著名的丽兹埃斯科菲耶烹饪学校的一位厨师与员工一起做饭。

我本可以铭记那位厨师的忠告：“好消息是，法国黄油并不会让你发胖。”然而，这堂烹饪课却让我想起了几年前的一段对话。当时，我仅从理智层面理解了那番话，但现在，我终于从内心深处体会到了它的真谛。那次对话孕育出了一条新法则：知足胜于贪多。

我曾向一位CEO提出了我的反馈意见，之后他盛情邀请我与他的团队合作。无论采用何种评价标准，他都是极为成功的人。他的财富远超常人想象。他与一位在其领域内极为杰出的人士结为连理，生活幸福美满。他在自己的国家广受赞誉，身旁高朋满座。然而，他的生活并非始终如此光鲜亮丽。

他讲述了童年时，父亲意外去世如何彻底颠覆了他的生活。为了维持生计，他的母亲不得不加倍工作。他被迫离开了父亲攒了多年积蓄才供他去读的私立学校。他竭尽全力帮母亲分担生活压力，在大多数孩子还不必对自己的行为负责的时候，他就已经开始工作了。他永远无法忘记命运让其陷入的极度贫困。他的世界仿佛在一瞬间崩塌了。

我们讨论他过去的经历，是为了理解他现在的行为。心理学家库尔特·勒温（Kurt Lewin）设计了一个非常优雅的模型来解释人类的行为。他指出，我们的行为是个体特征和所处环境的函数，通常表示为公式 $B=f(P, E)$。勒温的理论以其简洁而不简单著称，它突出了两个变量——我们的个体特征和我们所处的环境，同时也让我们认识到有许多因素塑造了我们的个体特征和我们所处的环境。

通过深入探究这位CEO的成长历程及其成长背景，我希望我们能更透彻地洞察他当前的行为模式及其对业务的影响。他展现出以人为本的领导风格，但他凡事亲力亲为的做事风格更加令人印象深刻。他深入参与业务的每一个细节，这让他的团队感到他不信任他们。最重要的是，他们担心他对所有事务的深度参与，加上他在每件事上缺乏深入的专业知识，可能导致他作出的决策不尽如人意。

他试图通过无处不在来证明什么？为何他难以信任他人？他的回答简洁而深刻："你永远无法预知未来，你不能对任何事抱有侥幸心理。一切都可能在瞬间崩塌。"

勒温公式让我理解了他童年的经历如何塑造了他成年后的行为模式。然而，我发现自己难以将这一理解与我对客户当前状况的认识相协调。他应该明白，即便一切都不尽如人意，他依然能够安然无恙。即使公司破产，名誉扫地，他依然拥有足够的资源来维持他现有的生活方式。正是我在丽兹酒店的经历让我理解了这一点。

让我补充一下，虽然我是一个法国人，但我在法国工作的时间并不多，我成年后的生活和整个职业生涯都是在英国度过的。

我曾到访过许多出人意料的地方，但我从未感到自己像个冒牌货——直到我踏入丽兹酒店，被过去的回忆所触动（我要强调，这完全是我内心的感受，实际上这里的员工让我感到非常受欢迎）。就在那一刻，我的出身和我现在的位置，以一种深刻的方式发生了碰撞。

在那个时刻，我意识到，阻碍我的客户成为成功领导者的障碍，与我在丽兹酒店感到不适的原因如出一辙。**我们都没有弄明白"足够"的含义，因此我们都未能认识到，要取得成功，"知足"比"贪多"更为关键。**让我进一步解释吧。

我们每个人都深受"更多"这一驱动力的影响。无论是对控制的渴望（正如我的客户所展现的）、对舒适生活的追求（正如我在丽兹酒店所体验的），还是对安全感、人际关系、空间自由的向往，我们的每一个欲望背后都隐藏着对"更多"的渴求。然而，**尽管这种追求"更多"的动力能够激励我们走向成功，但如果不加以控制，它也可能成为我们失败的根源。**

问题在于，我们总是在后视镜中寻找“更多”。当我们追求“更多”时，就意味着我们不再珍视已经拥有的东西。这种对“更多”的追求变成了一个自我循环的过程，它永远无法得到真正的满足。我们因此变得功能失调，因为我们无法正确评估勒温提出的两个关键变量：个人与环境。我们过度专注于过去，以至于忽视了当前行为对我们现状的影响。

成功的关键，在于我们始终将目光投向前方，而非不断回望。我们需要基于深思熟虑和坚定的决心来行动，而非仅仅依赖本能和偶然。我们需要主动塑造我们的环境，而不是被动地对环境做出反应。我们只有真正理解了“足够”的含义，才能做到这一点。只有明确了什么是“足够”，我们才能停止不断地追求“更多”，转而专注于追求“更高质量”的生活。

无论是将其定义为成熟，还是从心理学视角将其看作避免享乐适应的方法——不再对我们所拥有的视而不见，而是在追求我们所欠缺的同时，学会对我们所拥有的心怀感激。真正的成功，往往在我们意识到自己的价值已经足够，以及我们所拥有的已经足够时，悄然而至。

成熟并非意味着通晓一切，而在于深刻地认识自我。它关乎洞悉如何扬长避短，以及在自我认同中找到安宁。领导成熟度高的人，不再需要不断地证明自己，而是更愿意自我提升。它意味着他对世界持有批判态度，同时感激自己有能力去促成改变。它也意味着他在设定目标时敢于提出梦想，但在评估实现这些目标的能力时保持谦逊。

归根结底，领导成熟度的核心在于管控个人情绪和人际关系，确保我们的决策受当前情境指导，而非被一时的情绪所左右。这种成熟度并非随着年岁增长而自然形成，而是需要通过培养三种关键能力来实现。

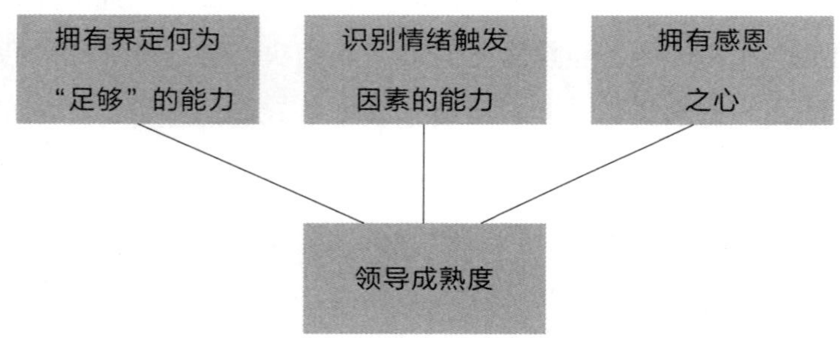

第一种能力是界定何为“足够”的能力。若未能明确何为足够，无休止的追求更多便失去了其价值。法则1帮助我们清晰地界定了目标及其重要性，法则17则要求我们对这些定义进行深入的反思和完善。

以我的一位客户为例，根据法则1，他对成功的定义可能是“我希望在我的组织中达到顶峰，以积极行动影响他人，从而实现财务自由”。我们明确了目标（在组织中达到顶峰、积极影响他人）和动机（实现财务自由）。然而，我们尚未定义何为“足够”。

永不满足于“足够”是可以接受的，但我们必须铭记，**“足够”的反面不是“更多”，而是“更好”。唯有当我们对足够的影响力和财务安全感有了清晰的认识时，我们才能将注意力集中在当前的实际情况上，而非沉溺于过往的渴望或未来的梦想。**若未界定何为“足够”，人们往往就会像追求多巴胺刺激的青少年一样，为满足一时的渴望而行动，而非为成功铺路。

培养领导成熟度所需的第二种能力是识别我们的情绪触发因素的能力。幸运的是，尽管人类行为复杂难懂，却相对容易预测。当面对相似情境时，我们的行为模式往往相似。培养领导成熟度的难点在于，我们并不总能靠自己识别出这些模式。

在个人生活中，我们常常依赖那些亲近的人，他们能在我们即将重蹈覆辙之际提醒并阻止我们。这些人往往能够洞察我们的情绪触发点。对于领导者来说，这一原则同样适用。依赖同事和追随者的反馈来监控自己的情绪反应，不仅可以增强他们对我们的信任，还能提高他们的参与度，增强团队的凝聚力。

当我们更加开放地接受我们需要支持这一事实时，我们会变得更加透明，因此也更容易获得他人的支持。让他人协助我们管理情绪，还有一个额外的好处：展现我们的脆弱性。这不仅提升了我们自身的成熟度，还营造了一个开放的组织文化。这样的文化确保问题能够被更早识别，解决方案能够被更早分享。

培养领导成熟度所需的第三种能力是培养感恩之心的能力。感恩并不是简单的友好或自我心理安慰。世界上有许多令人愤怒和失望的事情，关键在于平衡。学会感恩是恢复我们对自己和所处环境的评估能力的重要途径。

追求更多，往往源于我们对世界和我们在其中的位置的不足感。当我们渴望更多时，我们实际上是在试图填补一种空缺。由于我们对人和情境的评估存在缺陷，这个空缺变成了一个深渊，而这个深渊变成了一个永远无法填满的无底洞。无论我们付出多少努力，都无法使自身或环境变得更好。

感恩迫使我们去关注周围的一切。它帮助我们衡量还需要什么，以确保我们拥有足够的资源。感恩让我们回归到我们所处的现实环境中，使我们能够采取适当的行动来改善它。只有当我们理解了“足够”的真正含义时，我们才能决定如何处理勒温公式——这是我们的下一条法则，它告诉我们必须这么做。

♜ 法则 17 的启示

法则1要求我们明确成功的定义。我们追求的是什么？为何这对我们至关重要？我们对成功的界定往往源于对更多事物的渴望。无论是心理层面还是物质层面，无论是着眼于未来还是旨在维护现状或回归往昔，我们对成功的定义都透露出一种避免、预防或缓解不满的渴望。

然而，这种对“更多”的合理追求可能很快转变为“太少”的陷阱。只有当我们明确了“足够”的界限，对“更多”的追求才具有价值。若没有“足够”的概念，我们的注意力就会被对更多的渴求所占据，而非专注于追求更优质的事物。

领导成熟度，指一个领导者需要具有对自身行为动机进行深入客观分析的能力。这一能力让领导者能够主动管理情绪，而非仅受本能驱使。这种能力是确保领导者持续迈向成功的关键。我们要通过掌握三项关键能力来培养和提升领导成熟度。

首先，我们需要深化对成功的定义，确保它建立在对“足够”真正含义的理解上。其次，我们需要构建一个可信赖的合作伙伴网络，他们能够协助我们识别那些可能引发情绪波动的触发点，帮助我们在压力下依然能够按照自己的目标和意愿行事。最后，我们必须培养一种感恩的心态，这种心态能促使我们客观地审视现实情况。

法则 18

从被雇用开始，理解你将陷入的困境，避免被解雇

意大利米兰

多年来，组织心理学家一直在探究一个颇为有趣的现象：为何两个人从表面上看非常相似，而在现实生活中的境遇却迥然不同？

我在意大利出差的几天，设法安排了与我过去合作过的两位领导者的会面。他们有着很多相似之处，现实的境遇却大相径庭。

两人都来自英国，但居住在米兰。一个在快消品行业工作，另一个在金融服务行业工作。两人都是各自业务领域的佼佼者。他们都四十出头，已婚，育有两个孩子，在英国及海外均拥有房产。虽然他们的经济状况不及我们刚刚谈到的那位“国王”那般显赫，但他们的生活无疑是十分美满且幸福的。

他们甚至对飞行抱有同样的热情——这似乎是许多富裕中年男性共同的爱好。一个驾驶着自己的直升机，另一个则驾驶着租来的飞机。值得一提的是，那位开着自己直升机的朋友，他的直升机竟是自己亲手建造的。更重要的是，他俩都备受尊敬，事业有成，且广受欢迎。他们也都刚刚更换了工作。

让我们先从造直升机的那位领导者说起。他是一位“力挽狂澜”的专家。他能在创纪录的时间内，将一家濒临破产的企业转变为一家业绩卓越的企业。他是一位充满热情的“修复者”，这或许可以解释他为什么有直升机。他深入了解企业，为员工提供清晰的方向，设定标准，培养团队，并取得成果。我第一次见到他时，他正在德国主导一项业务。当时，他正处于业务转型的关键时期。自那以后，我再也没有见过他。

当我们坐下来喝咖啡时，我们聊到了他的近况。“转型计划进行得很顺利，然后他们解雇了我，”他说，然后发出了爽朗的笑声。我感到很困惑，他现在仍为同一家公司工作，怎么可能被解雇？他解释道：“我的意思是，我已经做了我能做的、也是他们需要我做的事。我们都知道，如果我继续下去，我会再次扭转业务。是时候让我走了。没有人希望一个已经扭转乾坤的企业再次扭转乾坤。”

他并没有被解雇，但他确实被调离了。事实上，他被调离的原因正是他最初被雇用的原因。如今，他正在另一个国家着手挽救另一项岌岌可危的业务。我想，总有一天，他的直升机旋翼会再次转动，以降低他扭转这家公司新业务的风险。

在与“力挽狂澜之王”会面之后，我准备去拜访“高绩效之王”。我在他的办公室遇到了他，他是一位银行家，同样身处一个新城市。一年前，他带着家人搬到了米兰，担任一家金融服务公司的高管。与“力挽狂澜之王”不同，他的角色不是将失败的企业转变为高绩效企业，而是将已经表现优异的企业推向新的高度。在他看来，带领企业从糟糕到良好、从良好到卓越的旅程相对简单，真正的挑战在于如何将一个伟大的企业推向更加辉煌的顶峰。

他拥有我所遇到过的最具战略性的头脑。这正是他被前公司招募的原因之一。他既具有概念性思维，又具有分析能力，根据我的经验，这种结合实属罕见。他的职业生涯和“力挽狂澜之王”一样充满游牧色彩。我们第一次在伦敦见面时，他随着业务需求的拓展，从一个项目转移到另一个项目。但与“力挽狂澜之王”不同，他现在不再为同一个雇主工作。“你可以说我被解雇了。”他说道。

公平地说，他并没有真正被解雇，也就是说，他并没有因做错什么事而被开除。在他圆满完成了又一个项目时，他决定做出一些不同的选择。他认为他已做好准备，能够承担更多的责任，可以逐步引领一家成熟的企业走向更大的成功。然而，他的雇主却希望他留在原位，对他在新岗位上能否取得同样的成功持怀疑态度。面对这种僵局，他选择了离开。事实上，他选择离开的原因，正是他最初被雇用的原因——他渴望从优秀迈向卓越。

在这里，我们讲述了两个人的故事，他们都被“解雇”了，而且原因都与他们被雇用的原因相同。我选择讲这两个故事，不仅因为它们的相似性，也因为它们的不同之处。这种类型的故事在职场中随处可见。你一定遇到过那些因为与众不同而被招聘的人，后来却因为“不合群”而被解雇。你一定知道那些规则破坏者，企业招聘他们时，“迫切需要”他们来破局，最终却因为他们违反规则而将其解聘；那些特立独行的人，他们因不守成规而走向失败；还有那些沉稳的人，最终因不够果敢而被辞退。

这是一个屡见不鲜的故事，它会无休止地重演，原因非常简单。组织在招聘之际，通常会寻觅自身尚未具备的能力，然而出于对稳定性的追求，他们在招聘后更为看重自己当下已有的能力。解雇某人并不是因为招聘错误，而是因为被招聘者在组织中所扮演的角色陷入了僵局或困境。我选择这两个故事是因为，与我目睹的无数其他故事不同，这两位高管掌握了自己的命运。

“力挽狂澜之王”深陷于一个他深爱且组织高度重视的

角色之中。这是一种令人欣然接受的“困境”。他感到满足，而组织也对他赞誉有加。他总能确保自己在不同项目间及时转换，以避免自己陷入停滞。相比之下，“高绩效之王”则被困在一个他不再向往的角色中。组织将他局限在一个他不再愿意停留的框架里。由于无法说服上司认可他的潜力，他不得不离开，以追求他渴望成为的那个人。

正如我们在上一条法则中所提到的勒温所指出的，要摆脱困境，我们只有两个变量可以选择。请记住他的公式 $B=f(P, E)$。我们看到，第一个故事中的高管必须改变环境，以继续做现在的自己；第二个故事中的高管必须改变环境，以成为他梦想中的自己。

这条法则要求你清晰地认识到个体特征和所处环境的交叉点在哪里，以及选择哪条路径才能到达自己设定的目的地。这两者总有一个交叉点，唯一的问题是谁做选择。你能在组织决定改变你的个体特征之前改变环境吗？

要确定应该解决的是“人”还是“环境”，我们首先需要明确自己的目标。在刘易斯·卡罗尔（Lewis Carroll）的《爱丽丝梦游仙境》中，爱丽丝发现自己站在一个十字路口。她急切地想知道该走哪条路，于是向柴郡猫寻求帮助。它问她她的目的地在哪里。当得知她没有明确的目的地时，它告诉她：“那么你走哪条路都无所谓。”如果你不知道自己要去哪里，那么所有道路最终都会通向你想去的地方。

我假定——考虑到我们在法则1（你可以成功）中已深入讨论了这一主题，并在上一条法则（知足胜于贪多）中做了进一步完善，与爱丽丝不同，你对自己的目标有着清晰的认识。然而，必须指出的是，随着经验的增长，我们的目标也会随之改变。我们可能在旅途中遇到一些弯路，这让我们对自己的总体方向产生怀疑。因此，不断审视我们的目标显得尤为重要，但让我们假设我们已经明确了前进的方向。

我们可以按照法则的顺序进行阐述——从“被雇用”开始，理解“陷入困境”，并避免“被解雇”。

你知道自己为何被雇用吗？这看似是一个简单的问题，但实际上并不容易回答。当然，你是被雇用来填补一个空缺的，组织需要有人来完成某项任务，这是显而易见的部分。更复杂的是，他们为何特别需要你？你身上有哪些特质是他们看重、超越了他们本可以从其他人那里获得的？这是一个棘手的问题，因为答案往往不言而喻（至少超出技能和知识的范畴）。

投入时间去深入研究和理解组织究竟看重你的哪些特质，这是至关重要的。我们的第三条法则[“EST”（最）和“ER”（更）并不能代表价值]能够协助你识别出组织所看重的你身上的特质。无论这些特质具体是什么，它们既是可能引发失败的隐患，也是支撑成功的坚实基石。**组织中的领导者期望你的行为与他们的预期相符，并且往往会假定这构成了你**

所能提供的全部价值。这正是那位“高绩效之王”所遭遇的困境。他非常擅长展示组织期望看到的价值，以至于他们对他可能带来的其他价值视而不见。

只有当你真正理解自己的目标和他人所看重的价值时，才能洞察自己可能陷入困境的原因。唯有如此，你才能明确自己需要在哪个方面努力，以避免陷入僵局。这里有三种情况。

第一种情况是，如果他人所看重的价值与你的目标相吻合，那么你便无须担忧。你的主要任务是确保自己的表现满足他们的期望。你可能需要转战其他项目（正如第一个故事中的情况），但你无须改变自己的本质。唯一的忠告是你要确保自己不停面对挑战。安逸很快会滋生无聊，而无聊只会导致平庸。组织很少会对平庸的表现给予奖励。

第二种情况是，你之所以陷入困境，是因为他们所看重的价值与你的目标不相符。你的组织对你目前的角色感到满意，却看不到你渴望成为的那个人。这正是第二个故事中的情形。此时，你必须决定是改变自己（你这个人），还是改变环境（你的角色）。高绩效的悖论在于，你在某个角色中表现得越好，人们就越想让你留在那里。而它的优势在于，高绩效为你提供了前进的机会。然而，前进并非唯一的选择。

在这样的境况下，许多人的误区在于无意中强化了领导者的看法。他们错误地认为，只要在现有角色中表现得更加出色，就能成为担任其他角色的理想人选。这其实是一个误区。真正的成功源于深刻地理解这一条：你不仅要将当前所扮演的角色的作用发挥到极致，还要勇于做出一些独树一帜的行动。

你需要展现的不仅是真实的自我，还有你渴望成为的那个人，你不能仅仅满足他人的期望。你必须在当前的角色中表现出色，并且展示出你梦想成为的角色所需的技能。只有这样，你才能在他人眼中成为一个和你自己眼中一样值得信赖的候选人。

第三种情况是，你陷入了一个你自认为必须扮演的角色的刻板印象中。这是极为普遍的一种情况。你变得对自己潜在的可能性视而不见，可悲的是，这正与你的初衷背道而驰。这是最棘手且最具挑战性的情境——我称之为**“双面胶困境”：组织将你固定在一个角色上，而你却不断地提供更多的黏合剂，使自己深陷其中。**

要洞察自己可能忽视的事物，最有效的方法是让他人成为你的“眼睛”。在商业、体育等各个领域的高绩效个体都有教练来指导。这些教练帮助他们诚实地评估自己的表现。你不需要为此支付费用，因为这种教练就在你身边。**无论是朋友、同事、同行还是导师，找到一个让你感到舒适的支持者，去探索那些你未曾察觉的可能性。**

法则18十分明确：你最终可能会因为当初被雇用的原因而面临解雇。这是否会成为你的未来，将取决于你为提升自我所做的努力，以及你是否会主动塑造自己的命运。对此，我们的下一条法则将为你提供更多的指导。

法则 18 的启示

你已经见识过他们——那些因某些特质而被雇用，却因这些特质而失败的人。他们是那些敢于打破常规、创造机遇、进行分析和推动变革的人，他们因其独特性而被那些最看重一致性的组织所招募。然而，被解雇并非必然的结果。

这条法则带给我们的启示十分明确：不要形成一个刻板形象，陷入一个无法助你实现目标的角色。

要成功应对那些不可避免的转折点，你需要清晰地认识到自己的目标和组织所看重的你身上的价值。了解了这两点，你便能专注于评估它们之间的一致性。随着你的职业生涯和目标不断发展，你需要定期进行这样的评估。

如果你发现两者间存在差距，解决方案并非简单地做更多相同的事情，而是在履行当前职责的同时，尝试做一些不同的事情。履行你当前角色的职责，但行为上要表现得仿佛你已经进入了下一个角色。

法则 19

你并非不可或缺

威尔士南格威瑟恩

我始终无法理解，为何我与悬崖和汽车总是难以和谐共处，仿佛我们之间总有一种难以调和的矛盾。

我第一次意识到这一点是在摩纳哥。那位从尼斯机场载我前往蒙特卡洛酒店的出租车司机，他的车速之快，宛如正在为大奖赛热身。他在狭窄的山路上急速转弯，速度之快令人屏息。那些悬崖从未显得如此令人胆战心惊。悬崖下，地中海的波涛也从未如此令人望而生畏。

第二次类似的经历发生在印度。季风带来的倾盆大雨冲断了通往我即将主持的研讨会所在的偏远山区的主要道路。我的出租车司机似乎毫不在意，决定沿着山边的田野继续前行，仿佛那是一条正规的道路。我陷入了两难：是应该系紧安全带以备不测，还是应该解开安全带，以便在他不慎将车开下悬崖时我能及时跳车？峡谷底部，激流的轰鸣声震耳欲聋，令人心惊胆战。

这一次，我身处威尔士，自己驾车。我只希望对面没有来车。从伦敦驾车前往北威尔士，从来都不是一件简单的事情。试图驾驶一辆电动车穿越埃里里国家公园，从一地到另一地，本身就是一场冒险。在夜色中进行这样的旅程，更是充满挑战。沿着单行道从悬崖边下来，坡度为25°，还有两个急转弯，简直令人恐惧。爱尔兰海看起来一片荒凉。

请放心。我并不会将你的职业生涯与坠落悬崖进行某种类比！我只是提到了这片风景，因为与我们之前那些受人或事件启发形成的法则不同，这条法则是受一个地方的启发而形成的。

我正沿着那座山缓缓下行（上山同样充满挑战），前往威尔士为高级公务员举办的为期一周的年度活动。这场活动对于我来说意义非凡。受邀参加是一种荣耀，同时也令人感到紧张，这种紧张感并不仅仅源于山路的险峻。1985年，我离开法国，凭借奖学金进入威尔士的一所国际高中学习。我欠威尔士太多，因此，有机会回馈这个塑造了我的地方，是我绝不会轻视的荣幸。

活动地点位于南格威瑟恩村。该村位于艾弗尔山脚下，以其所在的山谷命名，坐落在海边，与世隔绝。这个前采石村在第二次世界大战中期被遗弃，如今已成为威尔士语言和文化遗产的中心。

值得庆幸的是，这条在当地被称为“螺丝山”的道路已经得到翻新。这条道路原本是为了进入村庄而从岩石中开凿出来的，是一条未铺砌的单行道，边缘没有防护，没有会车点，有六个急转弯，坡度之陡使得它完全不适合普通汽车通行，且威尔士以危险天气著称，在这种情况下这条路常常无法通行。这条路下山如此困难，以至于它经常被用作体育挑战赛的赛道，而英国某新闻社将开车上山描述为“攀登不可攀登的山”。

在停车时，我不禁自问：“如果我没来，他们会怎么做？”

大约十五年前，我与邀请我参加这次活动的大部分团队成员结识。我深知，在公务员领域，工作与私交应当保持界限，但我仍愿意相信，他们会因我的缺席而感到遗憾。至少在专业层面，我的缺席定会给他们带来不小的困扰。倘若我从那座山上不幸坠落，他们这一周的计划无疑将陷入混乱！然而，事实可能是，当最初的震惊逐渐平息，即便这个特定的活动可能会被迫中断或缩短，他们的工作仍将继续推进。

我父亲经常向我灌输这样一个观点——后来我才意识到，这其实是戴高乐将军的名言：“全世界的墓地里到处都是不可替代的人。”这句话的深层含义提醒我们，要勇敢面对这一情况。我们不应将其看作一种悲哀、阴郁或令人沮丧的念头，而应将其视为一种解脱。**对于领导者而言，认识到自己并非不可或缺，反而能够带来一种心灵的自由。**

认识到有人终将接替我们的位置，并不意味着我们可以回避自己行为所产生的后果，但这一认知确实赋予了我们一种自由，让我们不再畏惧采取必要的行动。无论我们如何努力，我们的工作终将被后来者继续或颠覆，这一事实应当解放我们，让我们无惧于承担奠定基础的重任。

我们显得可有可无，甚至最终易于被替代，这反而凸显了我们真正的贡献所在。我们不会因为寿命的长短或对过去的守护而受到评判，而会因为我们对未来所作出的贡献而受到评价。从悬崖边获得的启示让我明白，**成功的路径有两条：一是在我们所处的环境中做到最好；二是在我们所处的环境中尽我们所能去进行变革。**

这就是**南格威瑟恩法则：你或许并非不可或缺，但你因在人生风景中留下的独特印记而被人铭记。**即便你置身于一个初创的环境，也总有一个既定的背景。没有人是从一张白纸开始领导的。即使没有公司需要领导，你所聚集的人们也拥有他们的过去。总有一个过去需要我们去面对。南格威瑟恩法则强调的是我们作为领导者所拥有的三种可能性：我们可以忽视过去；我们可以基于过去进行建设；又或者，我们可以利用过去，将它作为跳板，迈向更加辉煌的未来。

那些忘记过去的人，往往是那些对自己的领导目的不甚明了的人。他们也是最不可能取得成功的人。**领导的本质在于改变，而改变的前提是认识到现状及其成因。若你想引入新思想、尝试前所未有的行动，你必须首先理解过去的轨迹。我们必须从过去中吸取教训。忽视过去，你将难以成为一位真正的领导者，更遑论成为一名成功的领导者。**

许多领导者深陷于过去的羁绊中，无法自拔。他们将自己定位为过去的守护者，致力于维护既定的路径，仅对其做些微调。他们从过去汲取了丰富的经验，自认为对未来没有什么可贡献的。他们重复着前人已行之事，力求做得更精，或许稍有创新。他们在此基础上不断构建。虽然在过去的积淀之上进行建设可以让你成为一名领导者，甚至是一名杰出的领导者，但你无法成为一名真正卓越的领导者，正如仅仅是抛光他人艺术品的人，难以成为一名杰出的银匠。

然而，领导力的思考方式存在另一种维度，这正是那些卓有成效的领导者所践行的。他们借助对过去的深刻理解，不是为了简单地在过去的基础上添砖加瓦，而是为了启动未来。我将这种心态称为“管家”，而非仅仅是“守护者”。

“管家”一词，词源上结合了“房子”和“守护者”，最初指代家庭仆人的职责，但随着时间的推移，它已经演变为一种更广泛的职责——不仅要保护，还要指导他人增加财富。

在国际标准ISO 20121：2012中，这种责任被描述为可持续发展的责任，由所有行动影响环境表现、经济活动和社会进步的人共享，这既是个体、组织、社区和当地政府的价值观，也是其实践。

我将“管家”角色定义为承担起引导和推动公司可持续发展的责任的人。这一角色不仅包含对过去的深刻洞察和对未来的坚定承诺，更彰显着引领我们走向未来的决心与能力。认识到我们并非不可或缺，有助于我们更准确地定位自己在从过去到未来的连续体中的角色。作为管家，我们的职责不仅是理解过去并确保未来的延续，更在于展现出引领大家迈向未来的坚定意志和实际行动。

这种管理心态深植于希望之中。希望意味着要认清我们当前的立足点，以便描绘出一个我们所渴望的未来状态（目标），这个目标可以通过一系列切实可行的步骤（方法）来实现。这种希望建立在对过去的深刻理解和承认之上，但若无建设未来的坚定意志，希望便无从谈起。这是一条铁律。若你对构建未来缺乏持久的渴望，你便无权担任领导之职。要取得成功，你必须洞察过去，并以远见卓识展望未来。

成为一名真正的领导者，你需要清晰地阐述“为何明日胜今朝”。拥有领导心态，意味着你心中必须有一个愿景。这个愿景不必是宏伟的蓝图或革命性的构想，它只是一种激励你不断前行并吸引他人追随你的力量。或许“我渴望成功带来的经济回报”是你追求领导地位的动因，但这远远不足以成为一个让他人愿意追随的愿景。

确立自己渴望在世间留下的独特印记是迈向成功的基石，但这仅是起点。领导者要真正引领众人共同前行，必须拥有坚定不移的意志和行之有效的办法，只有这样才能实现留下独特印记的愿景。正如我们先前所强调的，他们必须展现出一种深入人心、以人为本的强大领导力。

让我们再次聚焦于南格威瑟恩。这里的采石场曾出产用于铺路的石块，但随着爱尔兰海的海运成为货物运输的主要渠道，这个社区逐渐与外界隔绝。采石场的关闭也标志着社区的解体。留下的，只有留在自然景观上的疮痍、采石场建筑的废墟，以及湮没在大自然中的工人小屋。

对于这片场地的再开发，人们曾有诸多设想。最终，它被卡尔·克洛斯（Carl Clowes）成立的信托基金收购。卡尔·克洛斯是在英格兰长大的医学博士，他的威尔士母亲和英格兰父亲最终选择在威尔士安家。

他创立南格威瑟恩信托基金的愿景是购入这个村庄，对其进行修复，使其再生，并建立一个威尔士语言中心。作为一位管理者，他选择以过去的根基为依托，去塑造一个充满希望的未来。他决定通过接纳新居民来纪念那些离去的人。他建立了一个语言与遗产中心，让那些人的故事得以用他们的母语继续流传。这，便是他希望在这片饱经风霜的土地上留下的印记。

卡尔·克洛斯博士本可以选择在那片土地上建立一个工业博物馆。他本可以仅仅维持那里原有的状态。他本可以翻新那些曾经用于打磨石头的建筑。他本可以成为一个守护者。然而，他选择成为一名管理者。

管理并非空想。他不仅需要对过去有深刻的理解和对未来有清晰的愿景，更需要将这些愿景变为现实。他必须动员足够多的人、投入足够的资金，以便有更多的人愿意驱车下山，为这个村庄的人们塑造一个不同的未来。

那我们呢？当别人在我们的名字后写上“安息”（R.I.P.）时，我们将被如何称呼？我们是守护者还是管理者？两者都是值得尊敬的职业，都是不可或缺的工作。但只有成为后者，我们才能说我们真正领导过。只有管理者能够回答“你为何领导”这个问题。卡尔·克洛斯博士满怀热情地给出了他的答案。

在经历了一段充满挑战的驾驶之后，那晚我安然入睡。尽管睡得不算太沉——毕竟，第二天我将面临一场真正的登山挑战，但我心中明白，无论成败，我都是可有可无的。这让我能够带着坦然的心情，去参加那个活动并表达我的真实想法。

我深知，要想取得成功，只需在那些参与者努力为我深爱的地方塑造的未来上，留下我的独特印记。我明白，要想实现这一目标，我必须付出艰辛的努力。而最终，我们的最后一条法则将在失败时为我提供支持。

规则19的启示

“我们都是可以被替代的”似乎是对法则18的一个很好概括。那又如何呢？这几乎算不上什么惊天动地的发现，更别提一个深刻的启示了。根据人口统计学家的估计，自从人类出现以来，已经有大约1090亿同胞离世，而世界并未因此停止转动，这一事实已经足够说明问题了。毫无疑问，即使我们自己的生命终结，生活依然会继续。

法则3帮助我们明确了自己能够增加的价值，而法则19则迫使我们去思考为什么我们想要增加这些价值。我们知道，我们有能力领导，但我们为何要这么做？这个启示告诉我们，我们被替代的可能性是一种解放和激励的思想，而不是一个令人沮丧的念头。

虽然这并不能使我们摆脱对行为后果所负的责任，但知道终将有人接替我们的位置，应能让我们摆脱对采取行动的恐惧。我们所做的一切最终将被他人继续或改变，这使我们得以安心地奠定基础。

我们并非不可或缺，终有一天，我们会被人取代。这恰恰凸显了我们所作贡献的重要性。我们不会因生命的长短或对过去的守护而受到评判，人们会根据我们对未来的贡献来评价我们。

这个启示简洁而深刻：你是愿意成为一个守护者，还是一个管理者？你是想要维持现状，还是积极建设未来？成功要求你带领你的组织迈向未来。

法则 20

你会失败

英国伦敦 / 苏格兰爱丁堡

那通电话充满了不寻常的气息。

我们再次被禁足在家。随着新型冠状病毒变种的出现，英国政府决定实施新一轮的封锁措施。这已经是不到一年时间里的第三次，数以百万计的人们只能透过窗户观望外面的世界，而其他人则在外面努力拯救世界。我正在与一个逐渐熟悉的人通话。我们已经通过电话或网络多次交流，但从未真正见过面。

在2020年3月第一次封锁开始时，政府发布了一份关键职业和工作人员的名单，这些人员将免受最严格的限制。当时，凯瑟琳和我并不惊讶地发现，领导力发展专家并不被视为关键工作者。

当疫情暴发时，每个人的关注点都集中在马斯洛需求层次理论的最底层。通常来说，管理顾问并不满足任何人的生理需求。我们意识到，我们所能提供的任何支持对于那些寻求安全的人来说都微不足道。然而，像许多人一样，我们也有一种要帮助他人和作出贡献的冲动。

我们决定做我们擅长的事情，而这件事（写一本书）突然间有了很多时间去做。我们希望它能为那些领导者提供一些想法和指导，正如我们的一位客户所说，他们又回到了依靠星星导航的时代。我们当时的出版商同意以成本价帮助这本书发行，以便它能够触及最多的人。他们以创纪录的速度动员起来，推出了电子书《危机领导》。我接到的那通电话，正是这本书的直接成果。

一位英国国家卫生系统的公务员，多年前在一场由我发言的会议上担任代表。会议结束后，他开始在社交媒体上关注我。当我的书出版时，他注意到了我关于这本书的帖子，并决定阅读这本书。读完之后，他主动通过电子邮件与我联系，分享了一些想法和疑问。我们随后进行了几次深入的通话。

我们主要探讨了书中的内容如何在国家所经历的不同阶段的危机中帮助了他，而他发现自己正处于解决这些问题的前线。我相当确定，在如此动荡的时期，我并没有提供太多实质性的帮助。我所能提供的只是一些反思的时刻，因为我足够超脱，能够以不同的视角看待问题，并且足够敬畏，能够为他提供短暂的喘息，让他暂时摆脱持续的压力。

在我们对话的某个阶段，他说道："我们失败了。人们都去世了。"这句话深深地触动了我。

他的语气并不带有好莱坞英雄的戏剧性。他并非像超级英雄那样对他人宣告："记住，如果我们失败，人们就会死去。"他这样说，并非为了凸显自己角色的重要性。这也不是在绝望中说出的话。他并没有表达："最糟糕的是，我们正在让人民失望，而当我们失败时，人们就会死去。"这仅仅是从医学角度来看，在某些情况下发生的一段事实。如果你未能找到治疗方法，人们就会死去。

然而，这句话在我心中点亮了一盏明灯。奇怪的是，在这位公务员经历了所有创伤、艰难和动荡后，当他说出"我们失败了。人们都去世了"时，我所想到的却是"失败至关重要"。他刚刚提到人们正在死去，而我却在思考"失败至关重要"，我承认，我当时和现在对自己的反应感到有些尴尬，因此这需要一些解释。

我对这样一个观点已经司空见惯："若我们能从失败中学习，那么失败也未尝不可接受。"这个理念被浓缩成一句备受推崇的箴言："即使跌倒，也要向前倒下。"这句格言深得企业家们青睐，被广泛张贴于全球各地的办公室墙上。尽管我对这一观点颇为熟悉，但不能说我喜欢它。

如果我的医生因为在给我诊断时犯了错误从而得到宝贵

的教训，进而救了另一个病人，这并不会让我感到欣慰。同样，如果我在餐馆吃到了一顿难以下咽的饭菜，而厨师告诉我，那位烹饪这道菜的学徒从这次经历中受益匪浅，这也不会让我感到满意，我不会为了检查她的进步而再次光顾。

如果你想随意犯错并从中学习，请确保我不在那个特定的学习过程之中。如果你注定失败，想要向前跌倒，请不要让我成为你的垫脚石。

和我对话的那个人并没有说“当我们犯错或出错时，人们就会死去”。他的言辞非常明确。面对新病毒及其不断出现的变种，医生们已经走到了他们知识的边界。他们不再确定接下来该如何行动，因为已经没有其他可行的尝试，也缺少有效的治疗方法，人们因此失去了生命。

在这种情境中，他所探讨的并非错误或过失，而是失败本身。他那句简洁而深刻的话语，使我意识到自己对于“即使跌倒，也要向前倒下”这一理念所持有的复杂情绪。我所犯的错误，也是我目睹许多领导者屡屡陷入的误区，就是未能明辨错误与失败之间的区别。

我们的第一条法则是“你可以成功”。我曾辩称，由于我不了解你，我只能对你成功的可能性持谨慎态度。我强调，如果我无法确保可以兑现承诺，那么我对于成功的承诺将是虚假的。但说到失败，我可以肯定地告诉你，失败在所难免。

有时，甚至可以说经常，你可能会发现自己未能实现既定的目标。这最后一条法则并不是要你避免失败，因为那是不现实的。它的真正意义在于帮助你理解失败与错误之间的区别，这样无论面对哪种情况，你都能保持一种积极而恰当的心态。

错误是我们不期望的，并且理应是可以预防的。失败则另当别论。

设想一下，我计划在四小时内完成一场马拉松赛跑。然而，我在30分钟后就不得不放弃。这是否意味着我失败了？再比如，我打算卖出100件商品，但最终只卖出了2件，这是否算是失败？如果我用了4小时15分钟跑完马拉松全程，并卖出了90件商品呢？这是否算是失败？

如果你一直在按顺序阅读这本书，而不是随意跳读，那么你就会理解，对于上述任何问题，唯一可能的答案是“视情况而定”。请不要误解，我并不是在为不佳的表现或平庸找借口。相反，我是在批判那些有缺陷的思维和惰性思维。判断我是否失败的关键，在于我是否犯了错误。

区分错误与失败的关键在于，你如何回答“我本可以做得更好吗”这个问题。

如果答案是肯定的，那么你并没有失败。相反，你只是犯了一个或多个错误。在犯错的情况下，下一个问题自然是："你为何没有做得更好？"

我们已经做出了一些不准确的假设。为了向前发展，我们需要反思："我现在知道了哪些当初设定目标时并不知道的信息？""我为什么自信能够跑得那么快或卖出那么多？"无论你离目标相差多远，真正关键的是那些我们在设定目标时未曾意识到、但理应掌握的信息。目标本质上是一系列假设的集合。只有认识到我们在知识、技能或意志方面的欠缺，我们才能实现改进，避免重蹈覆辙。

以我参加马拉松的经历为例，我可能对自己的体能过分自信。我可能没有充分估计完成马拉松所需的体力和精力。我可能缺少突破身体极限的坚定意志。我的错误源于对现成知识缺乏理解和（或）考虑。我没有进行足够的咨询、训练、关心或了解。

错误理应避免，也完全可以避免。实际上，根据我的经验，我们在这一点上做得相当出色。我们培训人员，设计出了一流的流程。我们明确目标和目的，并设定我们所期望的完成标准。我们提升他人的能力，使他们更有力量参与到实现结果的过程中。我们在"如何"部分中的许多法则都旨在帮助我们避免犯错。

错误反映出我们在行动前缺乏充分的准备。重要的是，如果我们能够充分利用现有知识来更好地武装自己，这样的错误是可以避免的。

然而，有时，正如我在电话中与对话者的交流所揭示的那样，“我本可以做得更好吗”这个问题的答案只能是否定的。在这种情况下，失败而非错误成为了一个核心概念。

失败发生在即便我知晓所有可能的知识也无法改变结果的情况下。这并不是因为我在众多可能的选项中做出了错误的选择。当唯一可能的行动方案产生了错误的结果时，失败就会发生。面对这样的局面，我们急需借助新的洞见和深刻的理解，为未来的成功奠定坚实的基础。

“我们失败了。人们都去世了。”这句话并不是对犯了错误而导致的医疗事故的声明。相反，它是一种对失败的坦率承认，是对进一步研究和专业发展的迫切呼唤。

区分失败与错误至关重要，因为它们各自需要不同的思维模式和行动方案来应对。失败促使我们去学习新的知识和开拓新的可能性。失败不是单靠个人就能解决的问题，它要求我们集结所有可用的资源，共同寻找答案和新的可能性。

避免错误是“如何”的一部分，而接受失败则涉及更深层次的“为何”。我们可以通过关注他人或自我来避免错误。然而，要避免失败，则需要每个人都将注意力集中在问题的本质上。我在这里讨论的不是个人层面的失败，而是系统层面的失败。可以说，**我们之所以需要领导者，根本目的不是纠正错误，而是防止失败的发生。**

事实上，那通电话深刻地启示了我——这也是我决定用这条法则作为本书结尾的原因，因为它与本书的开篇法则遥相呼应——成功与失败，其实是一枚硬币的正反两面。

让我们回顾一下我作为马拉松运动员和销售人员的业绩。假设我设定了预计需要花费4小时才能完成的目标，而我实际上在2小时45分钟内就完成了。我算是成功了吗？如果我实际上卖出了200个商品，而不是原定目标的100个，这算不算是成功？

我们可能会急于庆祝所谓的成功，但我们在设定目标时显然犯了错误。我们可能超出了预期目标，但我们仍面临着目标与结果之间的显著差距。我们并没有预期会得到这样的结果。如果所谓的成功只是偶然，那么失败的对立面就不是真正的成功。

电话中的对话者同样可以说："我们成功了。人们活了下来。"这同样是一个事实，实际上，到了英国第三次封锁时，我们在拯救患者方面已经取得了显著进展。但如果他这么说，那么只有当医生们确切地知道自己采取的哪项措施让人们康复时，这一成就才能被真正视为成功。运气并不是成功，正如错误并不等同于失败。

当一天画上句号，当这本书迎来终章，我们应铭记：生活——无论是在职场还是在其他领域，本质上是由一连串的失败与成功构成的。评判一项工作是否出色，或一个人是否活得充实，并不取决于成功与失败的比例，而取决于这些经历是否孕育了更深远的智慧。成功的关键在于我们是否成了深思熟虑的领导者，是否深入探究以理解成功的真谛并规避失败的陷阱，而非仅仅依赖运气或避免犯错。无论是完成一项工作还是过好一生，都要求我们不断拓展可能性的边界。

或许，是时候在我们的墙上挂上一张新的海报，用大胆、明亮的字体展示一个崭新的口号——“屡战屡胜，要朝着前方胜利”！

结　语

现在，主动权在你手里啦

我为我每一次都精心准备的演讲而深感自豪。固然，核心理念可能一脉相承，某些故事或许会再次呈现，然而，演讲的韵律总是与活动的主题、听众的特点和我所面对的群体的文化紧密相连。我之所以这样做，既是出于对邀请者和听众的敬意，也是为了防止自己陷入一种麻木的惯性，以至于对所从事的工作熟视无睹。

即使我渴望一切如旧，我也明白这是不现实的。我虽然是台上唯一的演讲者，但台下的每一位听众都与我一样，共同塑造着舞台上的每一刻。演讲者从听众的活力中获得灵感。我会对那些困惑的神情、爽朗的笑声、赞同的点头，以及偶尔出现的瞌睡做出回应。

尽管我对每一次演讲都精心地定制演讲词，但我总是用相同的话语结束演讲。

这些话语对于我而言意义重大，它们承载着一个我深感关切并渴望传播的理念。我始终坚守这一理念，从未偏离。然而，在本书的结尾，我意识到自己从未将这些话语付诸笔端。我从未以结束演讲的方式结束一本书。现在，是时候做出改变了。

我总是以一个特定的数字作为演讲的结束语。这个数字就是14600。

你或许在想：14600这个数字是庞大还是微小？答案恐怕要视你的感受而定。但若我告诉你，14600大致是你余生的天数，你又会作何感想？在你自行计算并判断自己可能多估或少算了几日之前，请先了解，这个数字是基于全球平均寿命约73.16年，以及在座听众的平均年龄约33岁来推算的。

我并非精算师。在演讲中，甚至在这本书里，或许有人会质疑这个数字的准确性。虽然纯粹主义者可能会对它的准确性持保留态度，但我相信我们都能感受到，这个数字确实微不足道。尤其是当我们意识到，在这些日子里，有多少天我们是真正健康和充满活力地度过的。

我常常回想起与一位梅奥诊所的演讲者同台演讲的情形。他提醒我们，我们容易幻想寿命的延长是由无数美好的日子堆砌而成的，却往往忽略了这样一个真相：正是我们的脆弱，而非永恒的青春，赋予了医学延长生命的力量。

在演讲的结尾，我向观众提及了生命的有限性，这并非为了制造一种怪诞的幽默效果。我这样做的目的，是激发他们对生命价值的深刻认识和珍视。

2003年，我开展了一项主要针对美国居民的调查。调查的目的并非进行科学研究，而是收集信息。我想了解人们有哪些遗憾。我提出这样一个问题："如果生活可以重新开始，你会做些什么不同的事？"最终，我收集到1000多名65岁以上人士的回答。回答的内容、长度和深度各不相同，但三个主题很快清晰地显现出来。超过75%的受访者不约而同地给出了以下三个答案：

- **我会停下脚步，去思考那些重大的问题。**
- **我会在工作和生活中展现更多的勇气，勇于冒险。**
- **我会追求有意义的生活，有所作为。**

我的倒数第二张幻灯片始终如一（最后一张幻灯片仅展示我的电子邮箱）。幻灯片上，数字14599映衬着一个缓缓旋转的地球。我总是抛出这样一个问题："我们为何要等待？"为何要等到年过花甲，才开始为那些我们早已预见会后悔的事情而感到懊悔，然后去采取行动呢？

那么，在本书即将画上句号之际，让我再次提出那个问题：我们为何要等待？

为何要推迟到某个时刻，才肯停下脚步，去深思那些至关重要的问题呢？

我们每个人都是忙碌的个体，生活在纷繁复杂的现实中。我们肩上有任务要完成，有义务要履行。我们被无法逃避的承诺所束缚，被棘手的问题所困扰。我们耗费时间和精力去解决这些问题，期待着明天会更加美好，即便到了那时，我们或许已无力去享受那份美好。

停下来，审视自己的生活，这不仅仅是一种需要，更是一种赋予我们新视角的恩赐，而这种视角对于做出明智的选择至关重要。然而，我们却常常畏惧停下来。但请记住，停下来并不意味着要长期停滞，可以仅仅是每天抽出几分钟，问问自己："我正在做的事情是正确的吗？我是否专注于真正重要的事情？"正是这样的停顿，帮助我们辨识出生活中真正重要的事项。

深入思考重大问题能够点燃我们为真正重要的事项采取行动的热情。任何经历过职场的人士都深知，每个团队都拥有其独特的生活方式和交流语言。每个组织都拥有其特有的节奏，这种节奏包含特定的节律和速度，而团队成员往往能迅速地适应这种节奏。然而，只有当我们放慢脚步，给自己一个喘息的机会时，我们才能重新审视并反思这种节奏。

在A. A.米尔恩（A. A. Milne）的经典著作《小熊维尼》中，我们首次遇见这只标志性的熊。克里斯托弗·罗宾半梦半醒地穿着睡衣走下楼梯，拖着维尼的耳朵，使得维尼的头在每个台阶上弹跳。书中描述了维尼的思考：“据它所知，这似乎是下楼梯的唯一方法，但有时它觉得，如果能暂时停下脚步思考一下，或许真的有其他的方法。”我们每个人都是维尼。

我们都曾经历过这样的时刻：我们想“如果我的大脑能暂停片刻，我相信我能找到一个更好的方法；如果我有更多的时间，我就能想出一个更好的解决方案；如果我有资源，情况就会不同；如果我不必处理‘A’，我就能从容应对‘B’”。若我们不暂时停下脚步，提出那些至关重要的问题，“如果……”便成了我们唯一的结果。

我已概述了规则，并力求使其足够实用，以便你能决定你想要采取的行动，但我无法代替你行动。若你渴望成功，就必须先停下脚步，向自己提出那些重大的问题，进行反思，作出决策，然后采取行动。必须遵循这一顺序！颠倒顺序只会导致无效的忙碌。没有问题和意图的行动只是活动。

当需要花时间停下来并提出那些重大问题时，主动权就在你手中。

为何要等到在工作和爱情中更加勇敢，才敢于承担更多的风险呢？

如果本书的每一条法则都能传达同一个启示，那么这个启示就是：领导的成功本质上依赖于勇气和冒险。运气的价值在于抓住它所提供的机会，而这需要勇气和冒险精神。技能的意义在于它们的应用，而这同样需要勇气和冒险精神。领导意味着要与众不同，而这种与众不同也需要勇气和冒险精神。勇气并非鲁莽，它不是让我们盲目地去承担不必要的风险。真正的勇气是让我们在面对那些令人畏惧的事情时，依然能够勇敢前行，比如顺应运气的指引、展示我们的技能，或者勇敢地脱颖而出。

在我讲述的所有故事中，还蕴含着另一个深刻启示，那就是对于风险本质的领悟。我向你介绍的那些人物，他们所做的每一个行动、决定和选择，在做出之前看似都充满风险。但事后回顾，这些行动的风险远没有最初想象的那么大。这正是勇气与风险相伴相生的原因。只有当你有勇气去承担这些风险时，你才能真正看清你所要承担风险的实质。

在上述调查中，人们讨论的不仅是工作，还有爱。正如我在第三条法则中所指出的，**领导力本质上是一种能量的交换。**它关乎你将自己的能量注入系统。就像电池会耗尽一样，我们的能量也会随着时间的流逝而逐渐减少。那么，我们从何处补充能量呢？对许多人来说，我们的能量源自我们所爱的人。我们在家中汲取能量，在工作中释放能量。然而，如果我们不将工作中的能量带回家庭，那么家中的亲人会有何感受呢？我们不能一味索取而不给予回报。

谈论爱需要勇气，而将工作与家庭生活视为相互联系的整体似乎充满了风险。我们更愿意谈论工作与生活的平衡，就好像这两者可以独立存在一样。然而，事实上，工作与生活并非相互独立，而是密不可分的。在工作和生活中都取得成功，意味着要冒险去在两方面追求卓越。没有爱的激励，你将无法在工作中成功地领导团队。只有勇敢去爱自己、爱与你相伴的人以及你所从事的事业，你才能拥有领导的勇气。

在工作和生活中展现更大的勇气、承担更多风险的时刻已经到来，而这一主动权牢牢掌握在你的手中。

为何还要等待，不去尝试以目标为导向的生活、有所作为呢？

我一直对有目标地生活这个想法抱有复杂的情感。我发现，过一种充实的生活，或者至少是有意义的生活，这个想法无疑令人向往。然而，在现实生活中，生活是一系列连续的日子，我尽力而为，保持正念，乐于助人，心怀善意，并没有一个宏大的计划去实现某些伟大的成就。

对于那些有明确职业使命的人来说，有目的的生活似乎更加容易。如果你有明确的使命，追随自己的激情自然是合理的。但对于我来说，我相信正如大多数我遇到的人一样，寻找生活的意义往往显得难以捉摸。这是否意味着我们注定要经历这三种遗憾中的最后一种，既没有过上足够有目标的生活，也没有过上有所作为的生活？

多年来，我逐渐领悟到，生活的意义并非来自某种宏伟的蓝图。它并不关乎“拯救世界”或致力于世界和平。崇高的目标和理想主义的追求并非不必要，它们也不是浪漫主义者的专利。要取得成功，尤其是考虑到领导力本质上是我们对他人的影响，我们必须相信一些超越自我的东西。这正是为什么上述遗憾中的“有所作为”部分如此重要。

我们不必在面对全球性的、巨大的挑战时感到无能为力。但我们必须记住一点：只有在你准备承诺去做“小事”时，思考“大事”才具有价值。我们每个人都有能力影响我们的环境。无论影响是微小的还是巨大的，即使不是所有人都能成为全球变革的主导者，我们都可以成为地方变革的推动者。

这正是我们的力量所在：我们可以选择赋予他人力量，使他们更加强大和能干。我们可以选择对我们周遭的世界产生积极的影响。**成功并非取决于我们的成就，而是取决于我们的努力。我们的目的是努力对他人产生积极的影响。**正如我曾经合作过的一位CEO所言：“80%的时间里，你或多或少会做对事情。真正的挑战在于学会宽恕自己那剩下的20%。”

你的目标不应是别人强加给你的某种外在的、宏伟的、道德层面的目标，而应是内心深处的挣扎，去理解是什么让你与众不同，以及愿意利用这一点去对他人的生活产生积极的影响。

当谈及有目的的生活、产生影响时，主动权在你手中。

这是我写过的最具个人色彩的书。我向你介绍了一些我遇见的人，以及我从他们身上得到的启发。所有这些反思都是真实的。

这本书还给人一种印象，仿佛我一直在四处奔波，投入我的一生去研究、记录和反思。这其实并不准确。

生活对我非常慷慨。我并不是特别有洞察力或聪明。我之所以能有今天的成就，很大程度上得益于出生时的幸运。我深知自己既拥有优势，也颇为幸运，但我也明白自己远非完美。这些法则中的大部分，我都是在太晚的时候才学到的。有些法则只有在经历了反复的失误之后才变得显而易见。我希望以我的方式来向你展示它们，从而让你更容易将它们内化为自己的一部分。我衷心祝愿你在追求成功的路上一切顺利。

“至于未来，你的使命并非预见它，而是去实现它。”[①]

在我的第二本书《领导力转变》的开篇，我引用了法国作家兼冒险家安东尼·德·圣·埃克苏佩里（Antoine de Saint-Exupéry）的这句名言。在本书的结尾再次提及它，似乎格外合适，因为本书的核心在于鼓励人们迈出第一步。未来没有对错之分，它只是接下来将展开的新篇章。

① 由作者翻译。“L’avenir, tu n’as point à le prévoir mais à le permettre”出自安东尼·德·圣·埃克苏佩里的《要塞》（收录于七星文库，全集第二卷，加利马尔出版社，1999年版），第56章，第503页。

致　谢

你不需要在一个组织工作很长时间就能意识到，约翰·F. 肯尼迪（John F. Kennedy）的那句话是对的："胜利有一千个父亲，而失败是一个孤儿。"出版界却将此颠倒过来，把许多人的成功都归功于某一个人。这份致谢是我纠正封面上只有我一个人的名字这一事实的机会。

在本书中，我将分享数十个个人故事和数百条经验教训。由于他们的经历和见解众多，我无法一一列举，特此将本书献给他们。我还要特别感谢一位朋友。我与肖恩·奥卡拉汉（Shaun O'Callaghan）二十年前在一家妇产医院相识，当时我的女儿和他的女儿都即将出生。随后，我们建立了深厚的情谊，并且由此开启了关于组织问题的终生探讨之旅。能与他携手完成多项任务我备感荣幸，而且在每一次的合作中，我都能从他那儿学到不少东西。要是没有他那些别具一格的见解，这本书恐怕就只是一本普普通通的书籍罢了。

你之所以能看到这本书，完全缘于一群人对其价值的信任。他们认为，在这本书稿上投入时间、精力甚至金钱是值得的。

我在出版我的第三本书时，第一次见到了马修·史密斯（Matthew Smith），当时他担任我的编辑。他在出版领域的广博知识为我的职业生涯奠定了基础，而他的明智建议也深刻影响了我的写作。他创立了自己的出版品牌，随后便成了我的出版商，后来他又通过他的文学代理机构（Exprimez）成了我的代理人。正是他建议我与劳特利奇出版社（Routledge）合作出版这本书。做出这个决定轻而易举，我至今未曾后悔。

我与劳特利奇出版社的团队合作得无比愉快。在高级编辑梅雷迪思·诺里奇（Meredith Norwich）的引领，以及助理编辑贝萨妮·纳尔逊（Bethany Nelson）和责任编辑斯泰西·卡特（Stacey Carter）的悉心指导下，我那些原本笨拙的想法竟神奇地转化为精彩的文字。在此，我要特别感谢文字编辑英戈洛·汤姆森（Ingalo Thomson），她不仅纠正了我的用词和语法错误，更是为我的句子赋予了美妙的结构与动人的韵律。他们的工作有力地证明了，虽然我们生活在一个可以随时随地出版内容的世界，但这并不意味着我们可以随意而为。优秀的出版社有着化腐朽为神奇的力量，能让糟糕的书变得可圈可点，让优秀的书变得更加璀璨夺目。至于他们对这本书的改进程度究竟如何，我愿交由你们来评判。

说到你们，我也想要向你们致谢。没有读者，便没有书籍。我很幸运，你们当中有许多人对我先前的拙作表现出了浓厚的兴趣，这让我有了再次尝试的机会。为此，我要向你们表示感谢。

为了让约翰·F.肯尼迪安心，我想明确一点，尽管你们所有人和上文提到的人们都是我成功的缔造者，但对于书稿中可能遗留的任何错误，我将独自承担责任。